Aldidente Suppen und Eintöpfe

Ursula Hartmann

Aldidente
Suppen und Eintöpfe

Herzhaft – nahrhaft – preiswert

Eichborn.

Die Rezepte sind für 4 Personen berechnet.

Die Zutaten für die Rezepte sind in der Regel bei Aldi erhältlich. Manche Artikel gibt es dort jedoch nur saisonal oder regional, gelegentlich auch unter abweichenden Markennamen. Ausgefallenere Zutaten bekommt man manchml nur auf dem Markt, in Feinkostgeschäften oder »gehobeneren« Lebensmittelläden.

2 3 4 04 03

Umschlaggestaltung: Uschi Heusel
Lektorat: Oliver Thomas Domzalski
Redaktion: Nele Dinslage
Layout und Satz: Tania Poppe
Druck und Bindung: WS Bookwell, Finnland
ISBN 3-8218-3775-6

Verlagsverzeichnis schickt gern:
Eichborn Verlag, Kaiserstr. 66,
D – 60329 Frankfurt am Main
www.eichborn.de

Inhalt

Vorwort

Suppen sind die Ouvertüren eines Menüs. Sie sind appetitanregend und machen Lust auf die folgenden Gerichte. Im Winter ist eine Suppe wärmend, im Sommer kann sie gerne auch einmal kalt serviert werden – Suppen passen sich eben jeder Jahreszeit an. Es gibt verschiedene Arten von Suppen, als Basis dient die Brühe oder die Bouillon, beliebt sind auch die pürierten Suppen, und gerne werden Cremesuppen serviert. Suppen eignen sich für viele Anlässe, mal dienen sie als feiner Auftakt einer ganzen Speisefolge, dann können sie aber auch als eigene Mahlzeit ausreichen. Wichtig ist, dass sie nicht überwürzt werden, sie sollen ihren jeweiligen Eigengeschmack behalten, der sogar möglichst noch durch raffinierte Zusammenstellungen hervorgehoben werden soll. Damit unterscheiden Suppen sich auch von Eintöpfen. Ein Eintopf eignet sich ausgezeichnet zur Resteverwertung, und erst die Mischung ergibt ein Ganzes. Einfacher als eine Suppe lassen Eintöpfe sich prima erwärmen, und oft schmecken sie am dritten Tag erst so richtig gut. Jedes Land kocht sein eigenes Süppchen oder seinen Eintopf, und manche von ihnen wurden regelrecht zu Nationalgerichten. Der Ausdruck »Eintopf» wird in deutschen Kochbüchern übrigens erst seit etwa gut hundert Jahren verwendet, früher hieß es zum Beispiel Bohnen mit Speck und Kartoffeln, heute heißt es schlicht Schnibbelbohneneintopf. Das Ergebnis ist dasselbe.

Sei es die Suppe oder der Eintopf, beide lassen sich gut auf Vorrat zubereiten und portionsweise einfrieren. Eine Rinder- oder Hühnerbrühe sollte man immer auf dem Herd oder in der Tiefkühltruhe haben, sie sind nicht nur die Basis vieler Suppen und Eintöpfe, sondern sind auch für sich zu jeder Tageszeit ein Hochgenuss.

Suppen

»Die Suppe ist eine gesunde, leichte, nahrhafte Speise, die aller Welt zusagt; sie erfreut den Magen, wirkt appetitanregend und bereitet die Verdauung vor.«

Jean Anthelme Brillat-Savarin, 1826

Feine Suppen

Feine Rindfleischsuppe

Eine feine Rindfleischsuppe ist ein besonderer Genuss für viele Gelegenheiten. Ähnlich wie die Hühnersuppe lässt sie sich ganz schnell und ganz einfach verfeinern. Da sie auch als Basis für viele andere Suppen und Eintöpfe dient, sollte man immer einige Portionen auf Vorrat kochen und einfrieren. Von der langen Kochzeit einer Rindfleischsuppe braucht man sich nicht abschrecken zu lassen – ist die Suppe erst einmal aufgekocht und hat man die Temperatur reduziert, geht der Rest eigentlich von allein, und das Resultat ist nicht nur eine köstliche Suppe, sondern auch noch das Fleisch, das man weiterverarbeiten kann. Das Fett auf der Suppe sollte nur abschöpfen, wer gerade eine Diät macht, denn es ist der eigentliche Geschmacksträger einer echten Rindfleischsuppe und ein Fehlen würde den Genuss schmälern. Versuchen Sie, die Einlagen der Suppen zu variieren, probieren Sie Markbällchen, Eierstich oder auch einfach mal nur Backerbsen aus.

- 1 kg Suppenfleisch vom Rind (Beinscheibe, Hochrippe, Querrippe)
- ein paar Sandknochen und Markknochen
- 2 Möhren
- 1 Stück Sellerie
- 1 Stange Lauch
- 2 Zwiebeln
- 10 Pfefferkörner
- 1 Lorbeerblatt
- 1/2 Bund in Röllchen geschnittener Schnittlauch
- Salz

Das Fleisch kalt abspülen und unzerteilt in einen großen Topf geben, kaltes Wasser aufgießen und langsam erhitzen und aufkochen lassen. Den auftretenden Schaum immer wieder abschöpfen, die Hitze reduzieren und die Suppe ohne Deckel (sonst wird sie trüb!) 1 Stunde auf kleiner Flamme köcheln lassen. Jetzt das grob zerschnittene Gemüse und die Gewürze in die Suppe geben und eine weitere Stunde bei kleiner Flamme köcheln lassen; die Suppe darf nicht kochen. Das Ganze erkalten lassen, das Fett abschöpfen. Da das Fleisch und das Gemüse nun zerkocht sind, nimmt man beides besser aus der Suppe. Wer das Suppenfleisch noch weiterverarbeiten will, muss es unbedingt in der Suppe erkalten lassen und erst dann herausnehmen, weil das Fleisch sonst zäh wird. Die Suppe erst kurz vor Ende der Kochzeit salzen, wenn sie kräftig werden soll. Salzt man sie zu früh, gibt das Fleisch seine Mineralsalze während des Kochens nicht ab und die Brühe wird fade. Faustregel: Will man eine kräftige Fleischbrühe haben, salzt man am Schluss, will man das Fleisch weiterverarbeiten und soll es seinen Geschmack behalten, salzt man am Anfang. Die Brühe sollte mit geschnittenem Schnittlauch serviert werden.

Hühnersuppe

Hühnersuppe ist ein nahrhafter und gesunder Suppenklassiker für kalte Jahreszeiten. Sie lässt sich aber auch sehr schnell und sehr schmackhaft noch weiter verfeinern. Versuchen Sie es einmal mit einem Schuss Madeira oder für besondere Anlässe mit einer Hand voll Morcheln, die man zuvor in Wasser einweicht und dann beim Servieren auf die Suppentassen verteilt. Sehr gut schmeckt eine Hühnersuppe aber auch mit ein paar Blättern Blattspinat pro Person, die man einfach in die Suppe gibt und darüber frischen Knoblauch hobelt. Hühnersuppe dient als Basis für viele weitere Gerichte und da man meistens zu viel davon kocht, bietet es sich an, sie portionsweise einzufrieren.

- 1 frisches, fettes Suppenhuhn
- 1 Zwiebel
- 1 Möhre
- 1 Stange Lauch
- 1 Lorbeerblatt
- 2 Nelken
- 10 Pfefferkörner
- 1 Stück Sellerieknolle

Das Huhn sorgfältig waschen, die Innereien aus der Bauchhöhle nehmen. Das Huhn in einen großen Topf legen, falls es zu groß ist, halbieren und den Topf mit kaltem Wasser (ohne Salz) füllen, bis das Huhn bedeckt ist. Langsam ohne Deckel zum Kochen bringen, dann die Hitze reduzieren und den aufsteigenden Schaum immer wieder abschöpfen. Die Suppe darf nun nicht mehr kochen, und da das austretende Hühnerfett die Temperatur gut speichert, reicht es, die Suppe auf kleinster Flamme 3 Stunden ziehen zu lassen. 1 Stunde vor Ende der Kochzeit das geputzte, grob geschnittene Gemüse und die Gewürze hinzugeben. Die Zwiebel ungeschält mit den Nelken spik-ken und zur Suppe geben, so bekommt die Suppe einen goldenen Ton. Erst am Ende der Kochzeit die Suppe mit Salz würzen. Das weich gekochte Huhn aus der Brühe nehmen. Das Fleisch ist jetzt ausgekocht und nicht mehr sehr schmackhaft, kann aber in kleine Stücke geschnitten als Einlage in die Brühe gegeben werden. Die Suppe durch ein feines Sieb geben und entfetten oder über Nacht kühl stellen und am nächsten Tag das hart gewordene Fett abnehmen. Wer Reis oder Nudeln in seiner Hühnersuppe haben möchte, soll diese unbedingt separat kochen und erst dann in die Suppe geben, weil die Brühe sonst trüb wird und an Geschmack verliert.

Bouillabaisse

Eine Bouillabaisse wird in Frankreich eigentlich zu den Eintöpfen gezählt und natürlich hat jeder Haushalt an der Küste sein eigenes Rezept für diese besondere Fischsuppe, die ursprünglich von den Fischern gleich nach dem Fang zubereitet wurde. Man isst die Bouillabaisse übrigens immer mit »Rouille«, einer scharfen Sauce, die getrennt dazu gereicht wird.

- 300 g Shrimps
- 1,5 kg frischer Fisch (z.B. Schellfisch, Kabeljau, Seelachs, Goldbarsch, Merlan, Heilbutt, Meerbarbe, Seeteufel)
- 1 Stange Lauch
- 1 kleiner Fenchel
- 2 Zwiebeln
- 200 g Tomaten
- 2 Knoblauchzehen
- 4 EL Olivenöl
- 3/4 l heißes Wasser
- 1 Flasche Weißwein
- 1 Lorbeerblatt
- 1/2 TL Thymian
- Salz, Pfeffer aus der Mühle
- Saft einer Zitrone
- 500 g Miesmuscheln
- 1 Prise Safran
- 1/2 Bund Petersilie

Die Fische von Köpfen, Schwänzen, Flossen etc. befreien und alles waschen und abtropfen lassen, die Karkassen (Köpfe, Schwänze und Flossen) beiseite stellen. Zwiebeln schälen und in dünne Scheiben schneiden. Den Fenchel halbieren, den bitteren Strunk herausschneiden und in feine Streifen schneiden. Den Lauch waschen, das dunkle Grün abschneiden und den hellen

Teil in dünne Ringe schneiden. Die Tomaten überbrühen, enthäuten und entkernen. Den Knoblauch schälen und fein hacken. Öl in einem Topf erhitzen und darin die Zwiebeln mit dem Lauch glasig anbraten. Wasser, Wein, Karkassen, Fenchel, Tomaten, Knoblauch, Lorbeer und Thymian hinzugeben. Alles bei geöffnetem Topf und milder Hitze 30-40 Minuten köcheln lassen. Währenddessen die Fische von Gräten befreien und in 5 cm große Stücke schneiden, salzen, pfeffern und mit Zitronensaft beträufeln. Die Muscheln unter fließendem kalten Wasser gründlich säubern und dabei die Bärte entfernen. Nur geschlossene Muscheln verwenden. Die fertig gekochte Fischbrühe durchsieben, wieder leicht erhitzen und die Shrimps und Muscheln einlegen, mit Safran würzen. Die Fischstücke hineingeben und 10-15 Minuten bei ganz kleiner Hitze ziehen lassen, vorsichtig mit einem Schaumlöffel aus der Brühe heben und warm stellen. Die Muscheln aus der Schale lösen und ebenfalls warm stellen. Die Brühe mit Salz und Pfeffer abschmecken und die gehackte Petersilie einstreuen. Die Brühe wird separat zum Fisch, der auf einer vorgewärmten Platte angerichtet wird, serviert. Jeder nimmt sich selbst vom Fisch und übergießt ihn mit der Brühe. Dazu reicht man Rouille, eine scharfe Sauce:

ROUILLE:

- 1 Scheibe altbackenes Weißbrot ohne Rinde
- 1 getrocknete Chilischote
- 2 Knoblauchzehen
- 1/2 TL Chilipulver
- 200 ml Olivenöl
- 1 Prise Safran

Das Brot ohne Rinde in warmem Wasser einweichen. Knoblauch schälen und im Mörser mit der Chilischote zerdrücken. Das Brot ausdrücken, klein würfeln und mit der Knoblauchmasse verrühren. Mit Chilipulver und Safran würzen und das Öl in einem dünnen Strahl langsam einrühren.

Klare Ochsenschwanzsuppe

Klare Ochsenschwanzsuppe ist nicht zu vergleichen mit den traurigen Dosenprodukten, die es im Handel gibt. Meist sind diese dann auch noch mit Sahne angedickt, was diese schmackhafte Suppe wirklich nicht braucht.

- 750 g Ochsenschwanz
- 100 g Speck
- 1 große Stange Lauch
- 2 Möhren
- 2 Zwiebeln
- 1 TL Tomatenmark
- 1 Lorbeerblatt
- Madeira oder Sherry

Ochsenschwanz vom Metzger in Stücke hacken lassen. Zwiebeln und Möhren schälen und in grobe Stücke schneiden, Lauch waschen, putzen und in breite Streifen schneiden, den Speck fein würfeln. Alles zusammen in einem großen Topf kräftig braun anbraten. Mit kaltem Wasser auffüllen und mit Salz und Lorbeerblatt würzen und 2 Stunden bei geöffnetem Deckel kochen lassen. Den Ochsenschwanz aus der Suppe nehmen und die Suppe durchsieben. Fleisch vom Ochsenschwanz lösen, klein schneiden und in die Suppe geben, Tomatenmark einrühren und mit Sherry abschmecken.

Forellencremesuppe

- 1 Zwiebel
- 1 EL Butter
- 350 g geräucherte Forellenfilets
- 800 ml Fischfond aus dem Glas
- Salz, weißer Pfeffer
- Saft einer Zitrone
- 1 Bund Schnittlauch
- 1 Becher Sahne

Die Zwiebel schälen und fein hacken. Butter in einer Pfanne erhitzen und die Zwiebel darin glasig dünsten. Ein halbes Forellenfilet beiseite stellen, den Rest im Mixer mit den gedünsteten Zwiebeln pürieren. Den Fischfond in einem Topf erhitzen, das Forellenmus einrühren und mit Salz, Pfeffer und Zitronensaft abschmecken. Schnittlauch in kleine Röllchen schneiden. Die Sahne steif schlagen und mit dem Schnittlauch unter die Suppe heben. Das beiseite gestellte Forellenfilet zerpflücken und beim Servieren über die Suppe verteilen. Dazu passt getoastetes Weißbrot.

Linsensuppe

Linsensuppe gehört wie die Erbsensuppe in jedes deutsche Kochbuch. Besonders gerne wird sie in der kalten Jahreszeit gegessen und je öfter man sie aufwärmt, desto besser schmeckt sie dann. Je nach Region schmeckt man die Linsensuppe anders ab, in Norddeutschland schätzt man eine Prise Zucker, im Schwabenland geht es nicht ohne den Weinessig.

- 250 g braune Linsen
- 1 große Zwiebel
- 1 EL Schmalz
- 1 Stange Lauch
- 1 Möhre
- 1 Stück Sellerie
- 1 Kartoffel
- 200 g durchwachsener Räucherspeck
- 1 Lorbeerblatt
- Salz, Pfeffer aus der Mühle
- Essig
- 4 Frankfurter Würstchen

Linsen waschen und über Nacht in einer Schüssel mit Wasser einweichen. Am nächsten Tag die Möhre, den Sellerie, die Kartoffel und die Zwiebel schälen und in kleine Würfel schneiden, die Lauchstange waschen und würfeln. In einem Topf das Schmalz erhitzen und darin die Zwiebel glasig werden lassen, dann das Gemüse dazugeben und mit anschwitzen. Die Linsen mit dem Einweichwasser angießen, alles durchrühren und den Speck, der am Stück bleibt, und das Lorbeerblatt hinzugeben. Auf mittlerer Hitze 40 Minuten köcheln lassen, bis die Linsen gar sind. Nach der Hälfte der Kochzeit die Suppe salzen und pfeffern. Falls die Suppe zu dick ist, etwas Wasser angießen, wenn sie zu dünn ist, eine rohe Kartoffel in die Suppe reiben. Der Speck kann zu der Suppe gereicht werden. 10 Minuten vor Ende der Kochzeit die Würstchen in der Suppe heiß machen. Man serviert die Suppe mit Essig oder Zucker.

Variante: Die Linsen über Nacht anstatt in Wasser in Rotwein einlegen und am nächsten Tag genauso kochen wie oben angegeben und zum Gemüse noch eine Dose geschälte Tomaten sowie zwei Knoblauchzehen hinzugeben.

Erbsensuppe

Erbsensuppe ist der Konkurrent der Gulaschkanone, auf keinem Feuerwehrfest darf sie fehlen. Und auch hier gilt: Je größer die gekochte Menge, desto besser das Resultat. Nach dem dritten Aufwärmen schmeckt sie dann so richtig gut.

- 200 g halbe Trockenerbsen
- 100 g durchwachsener Räucherspeck
- 1 Schinkenknochen mit Schinkenresten (beim Metzger bestellen) oder ein Stück Speckschwarte
- 1 Stange Lauch
- 1 Zwiebel
- 3 Kartoffeln
- 1 Stück Sellerie
- 1 Lorbeerblatt
- Salz, Pfeffer aus der Mühle
- 1 TL getrockneter Majoran
- 4 Frankfurter Würstchen

Die Erbsen waschen und in einer Schüssel mit Wasser bedeckt über Nacht einweichen lassen. Lauch waschen und klein schneiden, Zwiebel, Kartoffeln und Sellerie schälen und klein würfeln. Den Speck in kleine Würfel schneiden. Einen großen Topf erhitzen und darin den Speck auslassen, die Zwiebeln mit den Kartoffeln, dem Sellerie und dem Lauch hinzugeben und andünsten. Die Erbsen mit dem Einweichwasser angießen und den Schinkenknochen oder den Speck einlegen. Mit Salz, Pfeffer, Lorbeerblatt und Majoran abschmecken. Bei mittlerer Hitze mindestens eine Stunde kochen lassen, bis die Erbsen weich sind. 10 Minuten vor Ende der Kochzeit die Würstchen mitgaren lassen. Falls ein Schinkenknochen mitgekocht wurde, den Knochen vor dem Servieren herausnehmen und die Fleischteile des Schinkenknochens klein schneiden und in die Suppe geben. Wenn die Suppe richtig sämig werden soll, die Hälfte der Erbsensuppe abschöpfen, durch ein feines Sieb pressen und wieder in die Suppe geben.

Zwiebelsuppe

Jedes Land hat seine eigene Zwiebelsuppe, besonders gerne wird sie aber in Paris gegessen. Ob Italien, Frankreich oder Deutschland, eins hat die Zwiebelsuppe aber immer: Weißbrotscheiben, die mit Käse bedeckt werden. In diesem Rezept wird Parmesan verwendet, man kann aber auch einen Gruyère, einen Emmentaler oder milderen Käse nehmen.

- 1 kg Gemüsezwiebeln
- 1 Möhre
- 1 Stange Staudensellerie
- 1 Bund Basilikum
- 4 EL Olivenöl
- 1 Glas trockener Weißwein
- 1 l Hühnerbrühe
- 4 Scheiben Weißbrot
- Salz, Pfeffer aus der Mühle
- Parmesan

Die Möhre und die Selleriestange klein würfeln. Die Basilikumblätter grob zerrupfen. Öl in einem Topf erhitzen, Gemüse mit Basilikum darin andünsten. Die in Ringe geschnittenen Gemüsezwiebeln dazugeben und mit andünsten. Bei geschlossenem Deckel eine Stunde köcheln lassen. Den Weißwein hinzugeben und bei stärkerer Hitze einkochen lassen, Hühnerbrühe aufgießen und etwa eine halbe Stunde weiter köcheln lassen. Die Weißbrotscheiben im Ofen oder in der Pfanne rösten und in ofenfeste Suppentassen verteilen. Die Suppe mit Salz und Pfeffer abschmecken und über die Weißbrotscheiben in den Tassen verteilen. Mit Parmesan bedecken und im heißen Ofen fünf Minuten überbacken.

Bohnensuppe

Wenn im Spätsommer die ersten Bohnen in den Gärten geerntet werden, ist es Zeit für diese knackig frische Suppe.

- 1 l Wasser
- 750 g grüne Brechbohnen
- 250 g fest kochende Kartoffeln
- 500 g durchwachsener Räucherspeck
- 2 Stängel Bohnenkraut
- Salz, Pfeffer aus der Mühle
- 6 schwarze Pfefferkörner

Das Wasser zum Kochen bringen, Speck einlegen und 15 Minuten kochen lassen. Die Bohnen waschen, die Enden abschneiden, in Stücke brechen. Die Kartoffeln schälen und klein würfeln und mit den Bohnen, dem Bohnenkraut und Pfefferkörnern zum Speck geben. Alles weitere 20 Minuten köcheln lassen. Den Speck und das Bohnenkraut herausnehmen, die Suppe kräftig mit Salz und Pfeffer abschmecken. Wer mag, kann den Speck klein würfeln und wieder in die Suppe geben.

Zucchinicremesuppe

Zucchini, ein Gemüsekürbis, wächst im Garten fast von allein. Das Angebot ist enorm und die Verwendung ist vielseitig. Man sollte aber die kleinen Zucchini bevorzugen, denn in ihnen steckt der meiste Geschmack. Besonders praktisch: Sie brauchen nicht geschält zu werden.

- 500 g Zucchini
- 1 Knoblauchzehe
- 1 kleine Zwiebel
- 2 EL Butter
- 1/2 l Hühnerbrühe
- Salz, Pfeffer aus der Mühle
- 1 Becher Schlagsahne
- 1 TL Thymian

Die Zucchini waschen, den Stiel- und Blütenansatz entfernen und in 1 cm große Stücke schneiden. Den Knoblauch und die Zwiebel schälen und fein hacken und gemeinsam mit den Zucchini in einem Topf mit der Butter anschwitzen. Die Brühe angießen, mit Thymian würzen und 15 Minuten bei geschlossenem Deckel köcheln lassen. Die Suppe pürieren, die Sahne unterrühren und weitere 10 Minuten köcheln lassen, abschmecken und servieren.

Kartoffelrahmsuppe

Die Zubereitungsmöglichkeiten einer Kartoffelsuppe ist vielseitig. Mal wird sie eher fein, dann durchaus auch rustikal zubereitet. Gerne wird sie auch mit frischem oder geräuchertem Fisch ergänzt oder auch mal mit frischen Steinpilzen.

- 500 g mehlig kochende Kartoffeln
- 1/2 Glas Milch
- 1 EL Butter
- Salz, weißer Pfeffer
- Muskat
- 3/4 l Rinderbrühe
- 3 EL Crème fraiche
- 1/2 Becher Sahne
- 1 Bund Schnittlauch

Die Kartoffeln schälen, in Würfel schneiden und in leicht gesalzenem Wasser weich kochen. Abgießen und durch eine Kartoffelpresse in eine Schüssel drücken. Die Butter in der Milch erwärmen und zu der Kartoffelmasse geben, mit Salz, Pfeffer und Muskat kräftig abschmecken. Die Rinderbrühe erhitzen und die Kartoffelmasse und Crème fraiche einrühren. Bei schwacher Hitze 10 Minuten köcheln lassen. Die Sahne halbsteif schlagen und unter die Suppe heben, mit Schnittlauchröllchen servieren.

Gulaschsuppe

- 600 g Rindfleisch (Schulter)
- 4 Zwiebeln
- 1 Knoblauchzehe
- 2 EL Butter
- 1 EL Paprika, edelsüß
- 1 EL Tomatenmark
- 1 EL Essig
- Salz
- 1/2 TL Kümmel
- 1/2 TL Majoran
- 200 g mehlig kochende Kartoffeln

Das Fleisch in 2 cm große Würfel schneiden. Die Zwiebeln und den Knoblauch schälen und klein würfeln. Die Kartoffeln schälen und in 1 cm große Würfel schneiden. Butter in einem Topf erhitzen und die Zwiebeln darin glasig dünsten. Die Hitze reduzieren und das Paprikapulver andünsten, aufpassen, dass es nicht anbrennt.
Tomatenmark einrühren und mit Essig ablöschen. Das Fleisch mit Salz würzen und hinzugeben, mit Knoblauch, Kümmel und Majoran würzen. Etwas kaltes Wasser angießen und einkochen lassen, bei geschlossenem Deckel 20 Minuten ziehen lassen. Die Kartoffelwürfel hinzugeben, umrühren, Wasser auffüllen und so lange bei geöffnetem Deckel kochen, bis die Kartoffeln langsam zerfallen. Damit die Suppe richtig sämig und das Fleisch mürbe wird, sollte man die Suppe einige Stunden mit geöffnetem Deckel im Backofen bei 150 Grad köcheln lassen.

Biersuppe

- 150 g Backobst
- 1 l dunkles Bier
- 100 g Zucker
- 4 Eigelb
- 6 EL Schmand
- 1 Prise Zimt
- Zucker
- Salz, Pfeffer aus der Mühle

Backobst 1 $^1/_2$ Stunden einweichen lassen. Anschließend Einweichwasser ca. 10 Minuten kochen lassen. Bier und Zucker in einem anderen Topf erhitzen, bis sich der Zucker aufgelöst hat. Eigelbe und Schmand verrühren und in das heiße Bier gießen. Mit Salz, Pfeffer und einer Prise Zimt abschmecken. Backobst zur Biermischung geben und kurz erhitzen, aber nicht aufkochen lassen, da sonst die Eigelbe und die Sahne gerinnen.

Graupensuppe

Graupen sind entspelzte, geschälte, rund geschliffene und polierte Gersten- und auch Weizenkörner – eine beliebte Einlage für Suppen und ein altbekanntes Getreide, das immer mal wieder in Vergessenheit gerät, dann aber wieder seinen Platz in der Suppenküche einnimmt. Am feinsten sind die so genannten Perlgraupen.

- 120 g Perlgraupen
- 50 g durchwachsener Räucherspeck
- 2 weiße Zwiebeln
- 1 Petersilienwurzel
- 1/2 Möhre
- 1/3 Stange Lauch
- 1 l Gemüsebrühe
- Salz, Pfeffer aus der Mühle
- 1 EL gehackte Petersilie

Die Graupen waschen und über Nacht in einer Schüssel mit Wasser einweichen. Am nächsten Tag das Einweichwasser abgießen, die Graupen in einen Topf geben und mit frischem Wasser bedecken, salzen und 15 Minuten bei kleiner Hitze köcheln lassen, danach abgießen und beiseite stellen. Den Speck klein würfeln. Zwiebeln, Möhre und Petersilienwurzel schälen und fein würfeln, den Lauch ebenfalls in Würfel schneiden. Einen großen Topf erhitzen und darin den Speck auslassen, dann die Zwiebeln hinzugeben und glasig dünsten, das Gemüse hinzugeben und 5 Minuten mitschwitzen lassen. Die Gemüsebrühe angießen und aufkochen lassen, die Graupen hinzugeben und alles 30 Minuten köcheln lassen, bis die Graupen weich sind. Salzen, pfeffern und mit Petersilie bestreuen.

Tipp: Schmeckt auch mit in Butter angebratenen Champignonscheibchen, die über die Suppe gegeben werden.

Flädlesuppe

- 100 g Mehl
- 2 Eier
- 150 ml Milch
- Salz
- 2 EL Butter
- 1 l Rindfleischbrühe

Rindfleischbrühe nach Basisrezept, wie oben angegeben herstellen.
Für die Flädle das Mehl mit der Milch und etwas Salz verrühren. Die Eier verquirlen und unterrühren. Den Teig kurz stehen lassen. In einer kleinen Pfanne die Butter erhitzen und darin nacheinander mehrere dünne (!) Pfannkuchen backen, die noch warm zusammengerollt werden müssen. Schnittlauch und Flädle in dünne Scheibchen schneiden. Die Flädle in vorgewärmte Suppentassen verteilen und mit heißer Rindfleischbrühe auffüllen und mit Schnittlauch bestreuen.

Käsesuppe

- 50 g Mehl
- 50 g Butter
- 1 l Fleischbrühe
- 200 g geriebener Emmentaler
- 1 Eigelb
- 2 EL Schlagsahne
- Pfeffer aus der Mühle
- 4 EL Weißbrotwürfel
- 2 EL gehackte Zwiebeln

Mehl und Butter in einem großen Topf erhitzen und verrühren, aber nicht braun werden lassen. Die Brühe angießen und alles zusammen 15 Minuten köcheln lassen. Den geriebenen Käse nach und nach einrühren, aufkochen lassen und vom Herd nehmen. Eigelb mit Sahne verquirlen und in die Suppe rühren, mit Pfeffer würzen. Die Brotscheiben und die Zwiebeln jeweils mit etwas Butter in einer Pfanne anrösten und beim Servieren über die Suppe geben.

Leberknödelsuppe

Was wäre Bayern ohne seine Leberknödel? Leberknödel sind wahre Verwandlungskünstler, man kann sie als Suppeneinlage in der Rindfleischbrühe essen oder mit Kraut servieren.

- 1 1/2 l Fleischbrühe
- 5 Brötchen vom Vortag
- 300 g Rinderleber
- 1 Zwiebel
- 4 EL Petersilie
- 4 EL Mehl
- 2 kleine Eier
- 1 TL getrockneter Majoran
- Schnittlauch
- Salz, Pfeffer aus der Mühle

Die Brötchen in feine Streifen schneiden, mit 1/2 l heißer Brühe anfeuchten und zugedeckt eine Stunde ziehen lassen, bis die Brötchen die Brühe vollständig aufgesogen haben.
Inzwischen die Leber waschen, enthäuten und fein schaben oder durch den Fleischwolf drehen. Die Zwiebel schälen und sehr fein hacken. Die Petersilie ebenfalls sehr fein hacken. Alles mit den eingeweichten Brötchen, dem Mehl, Majoran, den Eiern, Pfeffer und Salz gründlich verrühren. Mit angefeuchteten Händen große Knödel formen und sie in der siedenden Fleischbrühe zugedeckt etwa 30 Minuten ziehen lassen.

Wer sichergehen will, dass die Knödel beim Kochen nicht zerfallen, der kann zunächst einen kleinen Probeknödel formen und ihn in der Brühe ziehen lassen. Sollte der Knödel auseinander fallen, dann muss man dem Teig etwas Semmelbrösel beifügen. Die Knödel werden in der heißen Brühe mit gehacktem Schnittlauch bestreut serviert.

Grießnockerlnsuppe

- 80 g weiche Butter
- 2 Eier
- 125 g Grieß
- Salz
- Muskat
- Schnittlauch
- 1 l Rindfleischbrühe

Rindfleischsuppe nach Basisrezept herstellen.

Die Butter schaumig rühren, nach und nach Grieß und Eier zugeben, würzen und 30 Minuten stehen lassen. Die Rindfleischbrühe erhitzen. Mit zwei Teelöffeln Nockerln abstechen, in die kochende Brühe geben und 10 bis 15 Minuten bei schwacher Hitze ziehen lassen. Da die Suppe nicht kochen darf, den Topf am besten vom Feuer nehmen. Die Nockerln sind fertig, wenn sie immer noch einen gelben Kern zeigen. Den Schnittlauch in Röllchen schneiden und die Suppe vor dem Servieren damit bestreuen.

Aus aller Welt

Buddhistische Fastensuppe

- ¾ l Gemüsebrühe
- 8 getrocknete chinesische Pilze (Wolkenohrpilze)
- 200 g Tofu
- 150 g Bambussprossen
- 100 g Glasnudeln
- 2 Frühlingszwiebeln
- 2 Knoblauchzehen
- 1 Möhre
- 1 kleines Stück frische Ingwerwurzel
- 1 TL Zitronengras
- 3 EL Olivenöl
- Chilipulver
- 2 EL Reiswein oder trockener Sherry
- 2 EL Sojasauce
- Salz
- frische Koriander- und Petersilienblätter

Pilze in lauwarmem Wasser 20-30 Minuten einweichen lassen, aus dem Wasser heben, Stiele abschneiden und die Pilze halbieren. Das Wasser aufbewahren. Die Möhre schälen und stifteln, die Bambussprossen in feine Streifen schneiden. Glasnudeln in heißem Wasser quellen lassen, bis sie weich sind, abtropfen lassen und einige Male durchschneiden. Frühlingszwiebeln und Knoblauch fein hacken und in Öl leicht anrösten. Den klein gewürfelten Tofu mit den Pilzen, den Möhren und Bambussprossen dazugeben und mit anbraten. Den fein geriebenen Ingwer, Zitronengras und Chili beimengen und gut durchrühren. Reiswein/Sherry, Sojasauce, etwas Pilzwasser und die Gemüsebrühe angießen und mit Salz abschmecken. Die Glasnudeln einrühren und alles 10-15 Minuten köcheln lassen. Mit gehackten Koriander- und Petersilienblättern bestreuen.

Minestrone

Jeder Italiener kocht sie anders, fest steht allerdings, dass keine Tomaten in die Suppe kommen, höchstens mal ein Esslöffel Tomatenmark. In Genua isst man die Minestrone mit einem Teelöffel Pesto, in Florenz kocht man gerne einen Schinkenknochen mit. Die Minestrone soll dick und schwer sein.

- 200 g getrocknete Bohnen
- 4 kleine fest kochende Kartoffeln
- 2 Möhren
- 2 Stangen Lauch
- 2 Stangen Staudensellerie
- 1 Zucchini
- 2–3 Knoblauchzehen
- 1 kleiner Wirsingkopf
- Petersilie
- 2 EL Butter
- 100 g Parmesan
- 1 l Wasser und Bouillonwürfel
- 4 Salbeiblätter
- Salz, Pfeffer aus der Mühle

Die Bohnen über Nacht in kaltem Wasser einweichen. Am nächsten Tag das Wasser abgießen und mit frischem Wasser auffüllen, bis die Bohnen bedeckt sind, leicht salzen und 1 1/2 Stunden weich kochen. Das Gemüse waschen, putzen und möglichst fein schneiden. Butter in einem Topf erhitzen und das Gemüse mit der klein geschnittenen Petersilie und den Salbeiblättern darin andünsten (die Kartoffeln noch zurückhalten). Mit der heißen Brühe ablöschen und jetzt die klein gewürfelten Kartoffeln hinzugeben. Das Gemüse mit der Brühe 1 1/2 Stunden auf kleiner Flamme bei geschlossenem Deckel köcheln lassen. Nach Ende der Kochzeit die Bohnen hinzugeben und nochmals eine halbe Stunde weiter kochen. Die Suppe sollte dikkflüssig sein; falls sie noch zu flüssig ist, bei geöffnetem Deckel und stärkerer Hitze einkochen lassen. Mit Salz und Pfeffer abschmecken und mit geriebenem Parmesan servieren.

Thailändische Hühnersuppe

- 1 l Hühnerbrühe
- 1 Stängel Zitronengras
- 80 g Frühlingszwiebeln
- 3 grüne Chilischoten
- 1 Limette (Schale und Saft)
- 1/4 l Kokosmilch aus der Dose
- 30 g frische Ingwerwurzel
- Salz, Pfeffer aus der Mühle

Die Hühnerbrühe nach Basisrezept zubereiten. Das Zitronengras in dünne Ringe schneiden. Die Frühlingszwiebeln putzen, waschen und gleichfalls in feine Ringe schneiden. Von den Chilischoten den Stielansatz entfernen und in dünne Ringe schneiden, dabei die Samenkörner entfernen. Die Hühnerbrühe in einem Topf mit dem Zitronengras und dem geriebenen Ingwer aufkochen lassen, die Hitze reduzieren und 10 Minuten köcheln lassen. Limettensaft, Limettenschale, Chilis und Frühlingszwiebeln weitere 2 bis 3 Minuten mitköcheln lassen. Mit Salz und Pfeffer abschmecken. Die Kokosmilch unterrühren, langsam erhitzen und servieren.

Rote Linsensuppe

Diese Suppe wird gerne in der Türkei gegessen. Man verwendet die kleinen roten Linsen, die der Suppe ihren typischen Geschmack geben. Da sie erfrischend ist, kann man diese Suppe auch gut in heißen Sommermonaten essen.

- 250 g rote Linsen
- 1 Zwiebel
- 2 Möhren
- 2 Kartoffeln
- 1 l Gemüsebrühe
- Butter
- 2 rote Paprika
- 1 Zitrone

Die Zwiebel schälen, fein würfeln und zusammen mit den Linsen in einen Topf mit Wasser geben und kochen lassen. Die Möhren waschen, schälen und in feine Scheiben schneiden. Die Paprika waschen, vierteln, von Kernen und Trennwänden befreien und klein würfeln. Möhren, Paprika, Brühe und die geschälten und geriebenen Kartoffeln hinzufügen und 30-40 Minuten kochen lassen. Beim Essen Zitronensaft über die Suppe geben. Mit Fladenbrot servieren.

Caldo verde

Caldo verde ist ein portugiesisches Nationalgericht und wird überall im Land gegessen. In Portugal verwendet man für diese Suppe einen speziellen Kohl, den man in Deutschland nicht kaufen kann, der sich aber gut durch jungen Wirsing oder Spitzkohl ersetzen lässt. (In Porto, dem Geburtsort des Portweins, isst man die Caldo verde übrigens immer nach dem Hauptgang!)

- 500 g zarter Spitzkohl oder Wirsing
- 250 g mehlig kochende Kartoffeln
- 2 EL Olivenöl
- 1 l Wasser
- Salz, Pfeffer aus der Mühle

Die Kartoffeln schälen und in gesalzenem Wasser gar kochen, nicht abgießen, sondern aus dem Kochwasser herausholen, durch ein Sieb drücken, mit Salz und Pfeffer abschmecken und wieder ins Wasser geben. Von den zartesten Kohlblättern die Rippen entfernen, die Blätter übereinander legen, zu einer Rolle formen und mit einem scharfen Messer in feinste Scheiben schneiden. Den Kohl mit dem Olivenöl in die Kartoffelbrühe geben und etwa 10 Minuten köcheln lassen, mit Salz und Pfeffer abschmecken und servieren.

Afghanische Spinatsuppe

- 2 große Zwiebeln
- 2 Knoblauchzehen
- 2 TL Kurkuma
- 2 TL Cumin
- 1 TL Salz, Pfeffer aus der Mühle
- 4–5 Zucchini
- 1 Packung (400 g) TK-Rahmspinat
- 1 Kartoffel
- Öl

Zunächst die Zucchini waschen, würfeln und in gesalzenem Wasser weich kochen, abgießen und mit der Gabel zerdrücken. Jetzt die Zwiebeln und den Knoblauch fein hacken und im Öl goldgelb anbraten, die Gewürze hinzugeben und mit anbraten. Die zerdrückten Zucchini dazugeben, aufkochen lassen und mit etwa 1 l heißem Wasser auffüllen. Den Rahmspinat in die Suppe geben, eine Kartoffel zum Andicken in die Suppe reiben, mit Salz und Pfeffer abschmecken und aufkochen lassen.

Die Fleischlosen

Knoblauchsuppe

Keine Angst, man riecht es
am nächsten Tag nicht!

- 1 1/2 l Wasser
- 20 kleine Knoblauchzehen
- 1 Lorbeerblatt
- Muskat
- Salz, Pfeffer aus der Mühle
- 3 Eigelb
- 3 EL Olivenöl
- 4 Salbeiblätter
- 4 Weißbrotscheiben
- 100 g Gruyère

Die Knoblauchzehen enthäuten und in dem Wasser mit den Gewürzen etwa 20 Minuten weich kochen. Dann die Suppe mit der Suppenkelle durch ein Sieb streichen. Die Eigelb mit Olivenöl und einer Tasse heißem Wasser verrühren und in die Suppe geben. Leicht erhitzen, aber nicht mehr aufkochen lassen. Die Weißbrotscheiben rösten auf die Teller verteilen, jeweils mit einem Salbeiblatt belegen, mit Käse bestreuen und die Suppe darüber geben. 3 Minuten später servieren.

Sauerampfersuppe

Anstatt Sauerampfer können Sie auch einmal Bärlauch ausprobieren!

- 500 g Sauerampfer
- 1 Bund Petersilie
- 1 EL Butter
- 1 l Gemüsebrühe
- Salz, Pfeffer aus der Mühle
- 1 EL Zitronensaft
- 1 Prise Zucker
- 1 Becher Schmand
- 4 hart gekochte Eier

Den Sauerampfer vorsichtig waschen, die Stiele entfernen und in Salzwasser 2 Minuten kochen, abgießen und pürieren. Butter in einem Topf erwärmen und den Sauerampferbrei darin einige Minuten unter Rühren andünsten. Die Gemüsebrühe angießen und mit Salz, Pfeffer, Zucker und Zitronensaft abschmecken und 10 Minuten köcheln lassen. Den Schmand mit dem Schneebesen in die Suppe rühren und kurz aufkochen lassen. Mit je einem hart gekochten Ei und kleingehackter Petersilie servieren.

Grünkernsuppe

- 125 g Grünkerngrütze
- 1 EL fein gewürfelte Möhre
- 1 EL fein gewürfelte Zwiebeln
- 1 EL fein gewürfelter Sellerie
- 3 EL Butter
- 1 1/2 l Fleischbrühe
- 3 EL Paniermehl
- Salz
- 1 Eigelb
- 6 EL Schlagsahne

Butter in einem Topf zerlassen und den Grünkern mit dem Gemüse darin andünsten, bis alles goldgelb ist. Mit der Fleischbrühe ablöschen. Das Paniermehl einrühren, salzen und alles 1 1/2 Stunden kochen lassen, dabei mehrmals umrühren. Das Eigelb mit der Sahne verrühren, die Suppe vom Herd nehmen und die Mischung unterrühren. Die Suppe vorsichtig wieder erwärmen, sie darf jetzt nicht mehr kochen.

Kastaniensuppe

- 1 EL Butter
- 1 kleine Zwiebel
- 300 g geschälte Esskastanien, frisch oder aus dem Glas
- 1/4 l Vollmilch
- 3/4 l Gemüsebrühe
- Salz, Pfeffer aus der Mühle Muskat
- 3 Scheiben Vollkornbrot
- 4 EL geriebener Emmentaler

Die Zwiebel schälen, fein würfeln und in Butter anschwitzen. Kastanien, Milch und Gemüsebrühe dazugeben. Alles aufkochen lassen und würzen. Bei kleiner Hitze 10-15 Minuten köcheln lassen und dann mit dem Pürierstab pürieren. Die Brotscheiben würfeln und in Butter anbraten. Die Suppe aufkochen lassen und die Brotwürfel mit dem Käse über die Suppe geben und servieren. Dazu passt ein bunter Salat.

Gemüsesuppe

- 1 Stange Lauch
- 1 Stück Sellerie
- 2 Zwiebeln
- 1 Möhre
- 100 g Champignons
- 1 kleiner Wirsing, höchstens 500 g
- 4 Tomaten
- 1 Zucchini
- 1 TL getrockneter Thymian
- 3 EL gehackte Petersilie
- 3/4 l Gemüsebrühe
- 3 EL Olivenöl
- 1 EL Butter
- Salz, Pfeffer aus der Mühle

Die Zwiebeln und den Sellerie schälen und klein würfeln. Den Lauch in Ringe schneiden. Die Möhre und die Zucchini in dünne Scheiben schneiden. Die Tomaten überbrühen, enthäuten und vierteln. Die Haut von den Champignons mit einem kleinen Messer abziehen und die Champignons in Scheibchen schneiden. Den Wirsing halbieren, den Strunk herausschneiden und die Blätter in feine Streifen schneiden. Das Öl und die Butter in einem Topf erhitzen und zunächst die Zwiebeln und die Champignons anbraten, dann das restliche Gemüse (bis auf die Tomaten) hinzugeben und 4 Minuten andünsten. Nun die Brühe, die Tomaten und den Thymian hinzufügen und alles zugedeckt bei kleiner Hitze 40 Minuten köcheln lassen. Vor dem Servieren die Petersilie einrühren, mit Salz und Pfeffer abschmecken und eventuell einen Schuss Weißwein hinzugeben.

Spargelsuppe

Die Spargelsuppe lässt sich leicht zu jedem Spargelessen zubereiten, da sie aus den Schalen gekocht wird.

- Schalen und Enden von 2 kg Spargel
- 6 Stangen Spargel
- 1 Glas Weißwein
- 1 l Wasser oder Hühnerbrühe
- Salz, Pfeffer aus der Mühle
- 1/2 Becher Sahne
- 1 Bund Schnittlauch
- Muskat
- 2 Eigelb

Die Spargelschalen und –enden waschen und in einem Topf mit einem Glas Weißwein und 1 l Salzwasser bedeckt aufkochen lassen und 20 Minuten bei reduzierter Hitze köcheln lassen. Abgießen und den Sud auffangen. Die Spargelstangen in dem Sud bissfest kochen, herausnehmen und in Stücke schneiden. Den Sud mit zwei Drittel der Sahne aufkochen lassen, die Hitze reduzieren und etwas einkochen lassen. Mit Salz, Pfeffer und Muskat abschmecken. Die restliche Sahne mit den Eigelben verquirlen und in die Suppe geben. Die Suppe darf jetzt nicht mehr kochen, da sonst das Eigelb gerinnen würde. Die Spargelstücke in die Suppe geben und mit Schnittlauchröllchen servieren. Noch schmackhafter ist die Suppe, wenn man die Spargelschalen in Hühnerbrühe kocht.

Rucolacremesuppe

- 200 g Rucola
- 250 ml Olivenöl
- 50 g Zwiebeln
- 1 Knoblauchzehe
- 2 EL Butter
- 1 EL Mehl
- 125 ml Weißwein
- 1/2 l Hühnersuppe
- 1/4 l Sahne
- Salz
- Cayennepfeffer

Die Stiele vom Rucola entfernen, die Blätter waschen und in der Salatschleuder trocknen. In einem Topf das Öl erhitzen und den Rucola darin knusprig frittieren, herausnehmen und auf Küchenpapier abtropfen lassen und in Stücke schneiden. Die Zwiebeln und den Knoblauch schälen und würfeln. In einem Topf die Butter erhitzen und darin den Knoblauch und die Zwiebeln glasig anbraten. Das Mehl darüber stäuben, kurz mit anbraten und dann mit dem Weißwein ablöschen. Die Hühnerbrühe langsam dazugeben, glatt rühren und 10 Minuten köcheln lassen. Die Sahne hinzugeben und kurz aufkochen lassen. Mit Salz und Cayennepfeffer abschmecken. Die Suppe mit dem Pürierstab pürieren, durch ein Sieb passieren, wieder in den Topf geben, nochmals abschmecken und erwärmen, mit dem Pürierstab schaumig aufschlagen und servieren.

Möhren-Ingwer-Suppe

- 500 g Möhren
- 1 weiße Zwiebel
- 5 cm frische Ingwerwurzel
- ½ rote Chilischote
- 2 EL Butter
- 1 l Gemüsebrühe
- 1 EL Crème fraîche
- 100 ml Orangensaft
- Salz, weißer Pfeffer aus der Mühle

Möhren, Zwiebel und Ingwer schälen. Zwiebel und Möhren klein würfeln, Ingwer auf der Käsereibe reiben. Von der Chilischote den Stiel abschneiden, mit Messer und Gabel längs halbieren, Kerne und Trennwände entfernen und fein würfeln. Die Butter in einem Topf erwärmen, Zwiebel und Ingwer darin 2 Minuten anschwitzen. Die Möhren und die Chilischoten 4 Minuten mitschwitzen lassen. Die Gemüsebrühe angießen, umrühren und alles aufkochen lassen. Bei milder Hitze 20 Minuten köcheln lassen. Mit dem Pürierstab fein pürieren, Crème fraîche unterziehen, Orangensaft einrühren, kurz aufkochen lassen, mit Salz und Pfeffer abschmecken und servieren.

Kürbissuppe

- 1 kg Butternusskürbis ohne Schale
- 1 l Hühnerbrühe
- 1 große mehlig kochende Kartoffel
- 1 große Zwiebel
- 3 Stängel Frühlingszwiebeln
- 1 Knoblauchzehe
- 2 EL Olivenöl
- 1/2 TL Curry
- 1 Lorbeerblatt
- 1 Chilischote
- 1 Glas Apfelsaft
- 4 EL Crème fraîche
- Salz

Den Kürbis halbieren, schälen und mit einem Löffel die Samen herauskratzen. Das Fruchtfleisch in 2 cm große Würfel schneiden. Die Kartoffel, die Zwiebel und den Knoblauch schälen und in kleine Würfel schneiden. Die Frühlingszwiebeln in feine Ringe schneiden. Von der Chilischote den Stielansatz abschneiden, die Schote halbieren und mit Messer und Gabel die Trennwände herausschneiden und den Samen entfernen und die Schotenhälften klein würfeln. In einem Topf das Öl erhitzen und darin die Zwiebel, den Knoblauch und die Frühlingszwiebeln glasig andünsten. Den Kürbis und die Kartoffelwürfel hinzugeben und 5 Minuten mit andünsten, dann die Chiliwürfel mit dem Lorbeerblatt und dem Curry hinzugeben. Die Hühnerbrühe angießen und alles aufkochen lassen, die Hitze reduzieren und den Kürbis in 25-30 Minuten weich kochen. Das Lorbeerblatt herausnehmen und die Suppe mit dem Pürierstab pürieren. Den Apfelsaft angießen, aufkochen lassen, die Suppe mit Salz abschmecken und Crème fraîche unterziehen.

Sauerkrautsuppe

- 300 g Sauerkraut aus der Dose
- 2 Zwiebeln
- 3 EL Öl
- 1 l Gemüsebrühe
- 1 EL Mehl
- 1 EL Tomatenmark
- 1 EL Paprikapulver, edelsüß
- 1/8 l Schmand
- Salz, Pfeffer aus der Mühle
- Kümmel
- 2 Knoblauchzehen

Öl in einem Topf erhitzen. Die geschälten und in feine Ringe geschnittenen Zwiebeln darin glasig andünsten. Paprikapulver und Tomatenmark einrühren, kurz anbraten und die Gemüsebrühe angießen. Sauerkraut mit der Gabel zerpflücken und mit dem gepressten Knoblauch und dem Kümmel in die Brühe geben, umrühren und etwa 25 Minuten bei schwacher Hitze köcheln lassen. Den Schmand mit dem Mehl verrühren und kurz vor Ende der Kochzeit schnell unterrühren, aufkochen lassen und abschmecken.

Kresseschaumsuppe

- 4 EL Brunnenkresse
- 4 EL Petersilie
- 200 ml Schmand
- 1 Zwiebel
- 2 EL Butter
- 1/2 l Gemüsebrühe
- 200 ml Schlagsahne
- 4 EL halbsteif geschlagene Sahne
- 2 EL Butter
- Salz, weißer Pfeffer
- Muskat
- 2 Tomaten

Zuerst eine Kressepaste zubereiten: Dafür die Kresse mit den Petersilienblättern und Schmand zu einer cremigen Paste verrühren und mit dem Pürierstab pürieren. Für die Suppe in einem Topf die Butter erhitzen und die geschälte und fein gewürfelte Zwiebel darin glasig andünsten, die Brühe und die flüssige Sahne angießen und etwa 10 Minuten kochen lassen und pürieren. Vorbereitete Kressepaste einrühren und die nicht ganz fest geschlagene Sahne unterheben. Mit dem Pürierstab unter ständiger Beigabe kalter kleiner Butterwürfel schaumig aufschlagen, mit Salz, Pfeffer und Muskatnuss abschmecken. Die gewürfelten und entkernten Tomaten beim Servieren auf die Teller verteilen.

Brokkolisuppe

- 500 g Brokkoli
- 500 g fest kochende Kartoffeln
- 1 Zwiebel
- 1 l Gemüsebrühe
- 6 EL Schmand
- 2 EL Öl
- 1 EL Butter
- Muskat
- Salz, Pfeffer aus der Mühle

Den Brokkoli waschen und die Röschen abschneiden. Den Strunk schälen und klein würfeln. Die Kartoffeln und die Zwiebel schälen und ebenfalls klein würfeln. In einem Topf die Butter und das Öl erhitzen und darin die Zwiebel glasig andünsten, die Kartoffeln und den Brokkoli hinzugeben und alles unter Rühren 4 Minuten anbraten. Die Gemüsebrühe angießen, mit Salz und Pfeffer würzen und bei geschlossenem Deckel und mittlerer Hitze 30 Minuten köcheln lassen. Die Suppe mit dem Pürierstab pürieren, mit Muskat, Pfeffer und Salz kräftig abschmecken und den Schmand unterziehen. Kurz erwärmen, aber nicht mehr aufkochen lassen und servieren.

Kichererbsensuppe

- 1 Dose Kichererbsen
- 50 g durchwachsener Speck
- 4 Stangen Staudensellerie
- 1 l Brühe mit Fleischbrühwürfel
- 1 Zwiebeln
- 2 Knoblauchzehen
- 2 EL Tomatenmark
- 3 EL Olivenöl
- Salz, Pfeffer aus der Mühle

Die Kichererbsen abtropfen lassen. Speck, Sellerie, Zwiebeln und Knoblauch klein würfeln. In einem Topf 3 EL Olivenöl erhitzen. Zunächst den Speck, dann das Gemüse anschwitzen und bei milder Hitze etwa 5 Minuten anbraten. Tomatenmark mit Wasser glatt rühren und unter das Gemüse mischen. Kichererbsen mit der Brühe hinzugeben, abschmecken und etwa 20 Minuten köcheln lassen.

Tomatensuppe

- $1\frac{1}{2}$ kg schmackhafte Tomaten
- 2 EL Butter
- 1 Zwiebel
- 1 Knoblauchzehe
- 1 TL Cayennepfeffer
- Salz
- 1 Prise Zucker
- 1 Estragonzweig
- $\frac{1}{4}$ Becher Sahne
- 12 frische Basilikumblättchen

Die Tomaten waschen und vierteln. Die Zwiebel und den Knoblauch schälen und fein würfeln. In einem Topf die Butter erhitzen, zunächst die Zwiebel und den Knoblauch darin andünsten, dann die Tomatenviertel zugeben und unter Rühren mitdünsten, einen Zweig Estragon hinzufügen und mit etwa 1 l Wasser auffüllen.

20 Minuten köcheln lassen, bis die Tomaten zerfallen. Alles durch ein Sieb passieren und in einem Topf die Flüssigkeit auffangen. Mit Salz, Zucker (bei Tomaten immer die gleiche Menge Zucker wie Salz verwenden) und Cayennepfeffer abschmecken. Die Sahne einrühren und kurz erhitzen. Vor dem Servieren die Suppe mit den zerzupften Basilikumblättchen bestreuen.

Rote-Bete-Suppe

- ½ l Hühnerbrühe
- 250 g Rote Bete
- Zitronensaft
- 4 EL Crème fraîche
- ¼ TL gemahlener Fenchelsamen
- Salz, Pfeffer aus der Mühle

Die Rote Bete ungeschält in gesalzenem Wasser mit etwas Zitronensaft eine halbe Stunde gar kochen (im Schnellkochtopf geht es schneller), mit kaltem Wasser abschrecken und schälen und klein würfeln. Die Hühnerbrühe erwärmen und die gewürfelte Rote Bete hinzufügen, kurz aufkochen lassen und mit dem Pürierstab zerkleinern. Mit Salz, Pfeffer und Fenchel abschmecken, Crème fraîche unterziehen und servieren.

Die Sommerlichen

Muschelsuppe

- 2 kg Miesmuscheln
- 1 Zitrone
- 1 Bund Petersilie
- 2 Knoblauchzehen
- 3 EL Olivenöl
- 200 ml trockener Weißwein
- 1/8 l Brühe
- 1 EL Butter
- 1 EL Mehl
- 8 Scheiben Stangenweißbrot
- Salz

Unter fließendem Wasser die Muscheln gründlich waschen und putzen. Geöffnete Muscheln wegwerfen. Petersilie grob zerhacken, Knoblauchzehen schälen. Olivenöl in einem Topf erhitzen, die Knoblauchzehen hineinpressen und die Hälfte der Petersilie hinzugeben und andünsten. Die Muscheln in den Topf geben und etwa 5 Minuten mitkochen, bis sie sich öffnen.

1/8 l Brühe und 200 ml Weißwein angießen, salzen und 10 Minuten weiter kochen lassen. Mehl und Butter miteinander verrühren und in die Brühe einrühren, abschmecken. Die geöffneten Muscheln auf Tellern verteilen, mit dem Sud übergießen, restliche Petersilie darüber streuen und mit geröstetem Weißbrot und Zitronenschnitzen servieren.

Aalsuppe

- 750 g frischer Aal
- 1 Zitrone
- 1/2 l Weißwein
- 1 EL Mehl
- 2 EL Butter
- 2 EL Kapern
- 1 EL gehackte Petersilie
- Salz, weißer Pfeffer
- 1 Prise Zucker
- 2 Eigelb
- 1/2 Becher Sahne

Den Aal waschen und in 4 cm große Stücke schneiden. ? l Salzwasser mit dem Aal zum Kochen bringen und 15 Minuten köcheln lassen. Auftretenden Schaum immer wieder abschöpfen. Eine Hälfte der Zitrone in Scheiben schneiden und mit dem Weißwein zum Aal geben und weitere 5 Minuten kochen lassen. Die Aalstücke aus der Suppe nehmen und warm stellen. Die Brühe durch ein Sieb gießen. In einem Topf die Butter erhitzen, langsam das Mehl einrühren und anbraten, mit der Brühe ablöschen und aufkochen lassen. Kapern und fein gehackte Petersilie hinzufügen. Mit Salz, weißem Pfeffer, Zitronensaft und etwas Zucker abschmecken. Die Eigelbe mit der Sahne verquirlen und in die Suppe einrühren, die Aalstücke in die Suppe geben. Nicht mehr aufkochen lassen, da sonst das Eiweiß gerinnt, aber heiß mit etwas Zitronensaft abgeschmeckt servieren.

Kalte Holundersuppe

Herbstlicher Vitamin-C-Spender. Holunderbüsche sind bei uns weit verbreitet. Im Oktober sind die aromatischen Beeren, die im rohen Zustand ungenießbar sind, reif und können geerntet werden.

- 1 kg Holunderbeeren
- 400 g Äpfel
- 1/4 l Rotwein
- 200 g Zucker
- Schale einer halben Zitrone
- 1 Zimtstange
- 2 Nelken
- 1 Glas Apfelsaft

Die Holunderbeeren gründlich waschen und abtropfen lassen. Mit einer Gabel die Beeren vorsichtig von den Stielen zupfen, ohne dass sie zerdrückt werden. Die Äpfel schälen, vierteln, das Kerngehäuse herausschneiden und in Spalten schneiden. Rotwein mit Zucker, Zitronenschale, Zimt, Nelken und Apfelsaft in einem Topf zum Kochen bringen. Die Beeren hinzufügen, aufkochen lassen, die Apfelspalten unterheben und 15 Minuten bei milder Hitze und geöffnetem Deckel köcheln lassen. Aufsteigenden Schaum mit dem Schaumlöffel immer wieder abschöpfen. Suppe bis zum Servieren abkühlen lassen.

Klare Fischsuppe

- 400 g Seelachsfilet, Kabeljau oder Rotbarsch
- 1 Möhre
- 1 Stück Sellerieknolle
- 1 Stange Lauch
- 250 g Tomaten
- 100 g TK-Erbsen
- 1 Zitrone
- 1 Lorbeerblatt
- Dill
- Salz
- 5 weiße Pfefferkörner
- 2 Pimentkörner
- 1 TL Dillsamen

Zunächst die Brühe zubereiten, dafür den Lauch waschen, die Möhre und den Sellerie schälen und alles in grobe Stücke schneiden. 1 1/2 l Wasser zum Kochen bringen und darin das Gemüse mit dem Lorbeerblatt, den Gewürzkörnern und dem Dill 15 Minuten köcheln lassen.

Inzwischen die Tomaten überbrühen, enthäuten, dann vierteln und die Kerne entfernen, den Stielansatz herausschneiden und die Tomatenviertel klein würfeln. Die Gemüsebrühe durch ein Sieb gießen und den Sud auffangen. Den Sellerie und die Möhre aus dem Sieb nehmen und in dünne Streifen schneiden und wieder in die Gemüsebrühe geben, die Erbsen hinzufügen und alles aufkochen lassen. Den Fisch waschen, mit Zitronensaft beträufeln und ganz in die Suppe geben, nach 10 Minuten herausnehmen, in mundgerechte Stücke zerpflücken und wieder in die Suppe geben. Mit Salz und Zitronensaft abschmecken und mit einigen Dillsamen bestreuen.

Gazpacho

Gekühlt schmeckt diese sommerliche Suppe aus ungekochten Zutaten nicht nur in Südspanien erfrischend gut.

- 2 Knoblauchzehen
- 1 weiße Zwiebel
- 1 Scheibe Weißbrot ohne Rinde
- 2 EL Olivenöl
- 300 g rote Paprikaschoten
- 600 g Tomaten
- 250 g Salatgurke
- 2 EL Sherryessig
- 1/2 l kalte, entfettete Fleischbrühe
- Salz, Pfeffer aus der Mühle

Brot ohne Rinde in Wasser einweichen und ausdrücken. Die Zwiebel und den Knoblauch schälen, fein hacken und zusammen mit dem Brot im Mixer pürieren. Öl, Pfeffer und Salz zugeben und alles nochmals pürieren, bis eine feine Paste entsteht. Die Paprikaschoten waschen, halbieren, Kerne und Trennwände entfernen und klein würfeln. Die Tomaten überbrühen, enthäuten, vierteln, die Kerne herausdrükken und klein würfeln, den Saft der Tomaten auffangen. Die Gurke schälen, halbieren, mit einem Teelöffel die Samen körner herausstreichen und das Gurkenfruchtfleisch klein würfeln. Das Gemüse zur Brotpaste in den Mixer geben, den

Tomatensaft und den Essig hinzugeben und alles fein pürieren. Das Püree mit Salz abschmecken und im Kühlschrank durchkühlen lassen. Vor dem Servieren mit der kalten Fleischbrühe verrühren. Zu der Suppe separat Olivenöl, grüne Oliven und Weißbrot reichen.

Bulgarische Joghurtsuppe (Tarator)

Tarator ist eine kalte Joghurtsuppe, die in Bulgarien gerne in den heißen Sommermonaten gegessen wird, da sie die beste Erfrischung in der Sommerhitze ist.

- 2 Becher Naturjoghurt
- 1 Gurke
- 2 Knoblauchzehen
- ½ Bund Dill, gehackt
- 3 EL gehackte Walnusskerne
- Salz, Pfeffer aus der Mühle

Der Joghurt wird mit Wasser verdünnt und glatt gerührt. Die Gurke klein schneiden und die Walnusskerne fein hacken und beides zum Joghurt geben. Den Knoblauch in den Joghurt pressen, den Dill hacken und dazugeben. Mit Salz und Pfeffer abschmecken und 15 Minuten im Kühlschrank ziehen lassen. Kalt mit Weißbrot servieren.

Eintöpfe

Deftige Eintöpfe

Kartoffelgulasch

- 1 kg mehlig kochende Kartoffeln
- 1 1/2 l Fleischbrühe
- 100 g durchwachsener Räucherspeck
- 1 große Zwiebel
- 1/2 Becher Schmand
- Salz, Pfeffer aus der Mühle
- Majoran
- Muskat
- 4 Mettwürstchen
- 1 Bund Schnittlauch

Die Kartoffeln schälen und würfeln, zusammen mit der Fleischbrühe etwa 20 Minuten kochen lassen. Die Kartoffeln dürfen nicht zu weich werden. Die Hälfte der Kartoffeln aus dem Topf nehmen, die restlichen Kartoffeln in der Brühe mit dem Pürierstab zerkleinern. Den Speck würfeln und in einer Pfanne ohne Fett auslassen, die Zwiebel fein würfeln und mit dem Speck glasig andünsten. Alles mit dem Schmand in die Kartoffelsuppe geben. Mit Salz, Majoran und Muskat abschmecken. Die Würstchen in Scheiben schneiden und in die Suppe geben, 10 Minuten ziehen lassen und vor dem Servieren pfeffern, mit dem fein geschnittenen Schnittlauch bestreuen und servieren.

Laucheintopf

- 2 l Wasser
- 1 kg Lauch
- 1/2 EL Butter
- 500 g Kartoffeln
- 1 dl Weißwein
- Salz, Pfeffer aus der Mühle
- 4 Mettwürstchen

2 Liter gesalzenes Wasser aufkochen lassen. Den Lauch waschen, in 2 cm dicke Stücke schneiden und in dem Wasser 3-4 Minuten kochen. Das Wasser bis auf 1/2 l abgießen und beiseite stellen. Die Kartoffeln schälen und würfeln. In einem Topf die Butter erwärmen und den abgetropften Lauch und die Kartoffeln beigeben, den Wein und das beiseite gestellte Wasser angießen und 15 Minuten bei kleiner Hitze köcheln lassen. Mit Salz und Pfeffer würzen, die Würstchen auf den Lauch und die Kartoffeln legen und zugedeckt etwa 30 Minuten köcheln lassen. Falls sich zu viel Flüssigkeit gebildet hat, den Eintopf ohne Deckel etwas einkochen lassen.

Weißkohleintopf

- 750 g mehlig kochende Kartoffeln
- 1500 g Weißkohl
- 2 EL Kümmel
- 3/4 l Wasser
- 1 Lorbeerblatt
- 2 Zwiebeln
- Salz, Pfeffer aus der Mühle
- 750 g Blutwurst
- 1 EL Butter

Die Kartoffeln schälen und würfeln. Den Weißkohl halbieren, die äußeren Blätter und den Strunk entfernen und in schmale Streifen schneiden. Die Kartoffelwürfel und die Kohlstreifen abwechselnd in einen Topf schichten und mit dem Kümmel bestreuen. Mit 3/4 l Wasser auffüllen, das Lorbeerblatt hinzugeben. Bei geschlossenem Deckel und starker Hitze alles schnell zum Kochen bringen und dann bei kleiner Hitze etwa 45 Minuten weiter köcheln lassen. Speck und Zwiebeln würfeln und in einer Pfanne auslassen und glasig werden lassen. Alles zum Kohleintopf geben und umrühren, mit Salz und Pfeffer abschmecken. Die Blutwurst in 1cm dicke Scheiben schneiden, Butter in einer Pfanne erhitzen und die Wurst darin von beiden Seiten anbraten. Den Kohleintopf in eine Terrine geben und die Blutwurstscheiben mit dem Bratfett darüber verteilen und servieren.

Dicke Bohnen mit Speck

- 600 g tiefgefrorene dicke Bohnen
- 200 g durchwachsener Speck
- 1 große Zwiebel
- 1 EL Schweineschmalz
- Bohnenkraut
- 1/2 l Fleischbrühe
- Salz, Pfeffer aus der Mühle
- 1 dicke mehlig kochende Kartoffel
- 100 ml Schlagsahne
- 4 Mettwürstchen

Den Speck und die Zwiebel fein würfeln. In einem Topf das Schmalz erhitzen und den Speck mit den Zwiebeln darin glasig andünsten, die Bohnen mit dem Bohnenkraut dazugeben und die Fleischbrühe angießen, salzen, pfeffern und etwa 10 Minuten garen. Die Kartoffel schälen, reiben und unter die Bohnen mischen, die Sahne dazugeben, salzen und pfeffern. Alles zusammen weitere 5 Minuten köcheln lassen. Die Mettwürstchen auf die Bohnen legen und bei geschlossenem Deckel 10 Minuten mitgaren.

Himmel und Erde

- 750 g mehlig kochende Kartoffeln
- 1 großes Glas Apfelmus
- 1 Prise Zimt
- 2 EL Butter
- 500 g Blutwurst
- 1 große Zwiebel
- 1 EL Schweineschmalz

Die Kartoffeln schälen, vierteln, in Salzwasser garen und abgießen. Gut zerstampfen und die Butter untermischen. Das Apfelmus mit einer Prise Zimt unterheben, gut verrühren und warm stellen. Die Zwiebel schälen und in Ringe schneiden, die Blutwurst in 1 cm dicke Scheiben schneiden. Schmalz in einer Pfanne erhitzen und darin die Blutwurst von beiden Seiten knusprig anbraten, die Zwiebelringe hinzugeben und ebenfalls goldbraun anbraten. Alles mit dem Fett über den Kartoffel-Apfel-Brei geben und servieren.

Grünkohl mit Pinkel (oder Mettwürstchen)

- 1 kg Grünkohl (Grünkohl schmeckt am besten nach dem ersten Frost)
- 1 große Zwiebel
- Salz, Pfeffer aus der Mühle
- 5 EL Schweine- oder Gänseschmalz
- 1/4 l Fleischbrühe
- 1 TL Zucker
- 400 g gepökeltes Schweinebauchfleisch
- 100 g durchwachsener Räucherspeck
- 1 große mehlig kochende Kartoffel
- 4 Mettwürstchen oder Pinkel

Den Grünkohl von den Rippen streifen und gründlich waschen. Reichlich Salzwasser in einem großen Topf zum Kochen bringen und den Grünkohl darin 10 Minuten kochen lassen. Den Kohl abgießen, abtropfen lassen und grob hacken. Die Zwiebel schälen und fein würfeln. In einem großen schweren Topf den Schmalz erhitzen und die Zwiebelwürfel darin glasig anbraten, den Kohl hinzugeben und bei kleiner Flamme 10 Minuten mitdünsten, eventuell etwas Brühe angießen, damit der Kohl nicht anbrennt. Die Kartoffel schälen, reiben und unter das Gemüse mischen, die Brühe angießen. Das Bauchfleisch auf den Grünkohl legen und zugedeckt 1 Stunde bei kleiner Flamme schmoren lassen, dann erst den Speck dazugeben und 1 weitere Stunde garen. Zum Schluss die Würstchen auf den Kohl legen und nochmals 1 Stunde garen lassen, mit Salz, Zucker und Pfeffer abschmecken. Zwischendurch immer wieder nach Bedarf Brühe angießen. Dazu schmecken Salzkartoffeln. Danach braucht man unbedingt einen Klaren.

Labskaus
(Wie der Seemann es liebt)

- 750 g Kartoffeln
- 1 große Zwiebel
- 1 EL Butter
- 500 g Corned beef
- 4 Matjesfilets
- 200 g Rote Bete aus dem Glas
- 1 Gewürzgurke
- Salz
- etwas Fleischbrühe
- 1 EL Butter
- 4 Eier
- eventuell Salzgurken

Kartoffeln schälen, grob würfeln und in Wasser (ohne Salz!) gar kochen. Zwiebeln schälen und fein hacken. In einer Pfanne die Butter erhitzen und die Zwiebeln darin hellgelb anbraten. Corned beef, Matjes, Rote Bete und die Gewürzgurke in kleine Würfel schneiden. Die Kartoffeln zerdrücken und mit den gewürfelten Zutaten vermischen. Falls die Masse zu dick wird, etwas Fleischbrühe einrühren. Die Butter in einer Pfanne erhitzen und 4 Spiegeleier braten. Labskaus auf vier Teller verteilen und die Spiegeleier darauf geben. Mit Salzgurken servieren.

Schnibbelbohneneintopf

- 1 kg grüne Stangenbohnen
- 1/2 l Fleischbrühe
- Salz, Pfeffer aus der Mühle
- Petersilie
- Bohnenkraut
- 2 EL Butter
- 2 EL Mehl
- 1/2 Becher Schmand
- 4 fest kochende Kartoffeln
- 3 EL Weinessig

Die Bohnen waschen, putzen und schräg in 1 cm breite Streifen schneiden. In der Brühe mit Salz, Pfeffer, Petersilie und Bohnenkraut und Weinessig auf kleiner Hitze bissfest garen. In einer Pfanne die Butter erhitzen, das Mehl darin anschwitzen, mit etwas Brühe ablöschen und mit dem Schmand zu den Bohnen geben. Die Kartoffeln schälen, würfeln, gar kochen und in den Bohneneintopf geben. Wer es deftig mag, kann auch ein Stück Bauchfleisch oder Mettwürstchen mitkochen. Vor dem Servieren abschmecken.

Möhreneintopf mit Hackbällchen

- 500 g Möhren
- 200 g fest kochende Kartoffeln
- 200 g Rindergehacktes
- 1 Zwiebel
- Salz, Pfeffer aus der Mühle
- Majoran
- Thymian
- 1 Lorbeerblatt
- 1 Ei
- 1 l Fleischbrühe
- 2 EL Olivenöl

Die Möhren waschen, schälen, längs halbieren und in dünne Scheiben schneiden. Die Kartoffeln und die Zwiebel schälen und würfeln. Das Hackfleisch mit dem Ei, Pfeffer, Salz und Majoran würzen, verkneten und kleine Bällchen daraus formen. In einer Pfanne 1 EL Öl erhitzen und darin die Hackbällchen anbraten. In einem großen Topf 1 EL Öl erhitzen und darin die Zwiebel glasig anschwitzen, danach die Möhren und die Kartoffeln hinzugeben und andünsten, mit der Fleischbrühe ablöschen und mit Salz, Pfeffer, Majoran, Thymian und dem Lorbeerblatt würzen und etwa 30 Minuten garen. Nach 20 Minuten die Hackbällchen hinzugeben und mitkochen lassen. Vor dem Servieren nochmals abschmecken und das Lorbeerblatt herausnehmen.

Wirsingeintopf

- 4-5 Kartoffeln
- 1 Wirsingkopf
- 2 EL Öl
- 2 TL Kümmel
- 350 g Hackfleisch (Rind oder gemischt)
- 1 Dose Tomaten
- Salz, Pfeffer

Kartoffeln schälen, würfeln und in einem separaten Topf in Salzwasser gar kochen. In einem großen Topf Öl erhitzen und darin das Hackfleisch anbraten und dabei mit der Gabel zerzupfen, mit Salz, Pfeffer und Kümmel würzen. Den Wirsing halbieren, den Strunk entfernen, in kleine Streifen schneiden und zum Hackfleisch geben. 1-2 Tassen Wasser hinzugeben und bei geschlossenem Deckel 20 Minuten weich kochen lassen. Dann die Kartoffeln und die Tomaten unterheben, alles noch einmal aufkochen lassen, nachwürzen und servieren.

Weißer Bohneneintopf mit Würstchen

- 2 Dosen weiße Bohnen
- ½ Möhre
- 1 Zwiebel
- 1 EL Olivenöl
- Salz, Pfeffer aus der Mühle
- 1 l Fleischbrühe
- 4 Frankfurter Würstchen

Die Dosen öffnen und die Flüssigkeit abgießen. Die Zwiebel und die Möhre schälen und in kleine Würfel schneiden. In einem großen Topf das Öl erhitzen und darin die Zwiebel und die Möhre andünsten. Die weißen Bohnen hinzugeben und mit der Fleischbrühe ablöschen. 20 Minuten bei mittlerer Hitze köcheln lassen. Nach 15 Minuten die in dünne Scheiben geschnittenen Würstchen hinzugeben und mitkochen. Mit Salz und Pfeffer würzen.

Eintöpfe für besondere Anlässe

Lammpilaw

- 500 g Lammfleisch, am besten ein Schulterstück
- 2 Zwiebeln
- 1 Knoblauchzehe
- 3 EL Olivenöl
- 1/4 l Fleischbrühe
- 2 grüne Paprikaschoten
- 2 Tomaten
- Salz, Pfeffer aus der Mühle
- 250 g Reis
- Muskat

Das Fleisch waschen, abtrocknen und in grobe Würfel schneiden. Die Zwiebeln und den Knoblauch schälen und fein würfeln. In einem großen Topf das Öl erhitzen und darin die Fleischwürfel kräftig anbraten. Die Zwiebeln und den Knoblauch hinzugeben und mit anbraten. Die heiße Fleischbrühe hinzugeben und zugedeckt bei kleiner Hitze 1 Stunde köcheln lassen. Inzwischen die Paprika waschen, entkernen und in Streifen schneiden. Die Tomaten überbrühen, häuten und achteln. In einem separaten Topf Salzwasser zum Kochen bringen und darin den Reis bissfest kochen und abgießen. Nach 40 Minuten Kochzeit die Paprika und den Reis zu dem Fleisch geben, mit Pfeffer und Muskat abschmekken. Dazu passt frisches Fladenbrot.

Leipziger Allerlei

Hier kommt frisches Gemüse
auf den Tisch.

- 200 g grüne Bohnen
- 200 g Spargel
- 100 g Erbsen
- 1 Bund kleine Möhren
- 1 kleiner Blumenkohl
- 2 kleine Kohlrabi
- 3 EL Butter
- Salz, Pfeffer
- Zucker
- 1/2 Bund Petersilie
- 100 ml Weißwein
- 200 ml Sahne
- Cayennepfeffer
- Muskat

Wichtig für das Gelingen dieses Rezepts ist, dass das Gemüse wirklich frisch ist. Die Bohnen waschen, putzen und die Enden entfernen. Den Spargel schälen, die holzigen Enden abschneiden und in 10 cm große Stücke schneiden. Die Erbsen aus der Schale pulen, die Möhren waschen und dünn schälen, nach Bedarf ein Stückchen vom Grün dranlassen. Den Blumenkohl putzen und in kleine Röschen zerteilen. Kohlrabi schälen und etwa 3 cm stifteln. Das Gemüse in kochendem Salzwasser mit einer Prise Zucker und einem TL Butter in 8-10 Minuten knackig garen und in Eiswasser abschrecken, damit es seine frische Farbe behält. 200 ml von dem Kochwasser mit dem Weißwein aufkochen, die Sahne angießen und alles auf etwa die Hälfte einkochen lassen. Die Sauce mit

Salz, Pfeffer, einer Prise Cayenne, Muskat und Zucker abschmecken. In einer Pfanne 2 EL Butter zerlassen und darin das Gemüse kurz andünsten, salzen und pfeffern und auf eine vorgewärmte Platte geben. Die Sauce über das Gemüse verteilen, mit gehackter Petersilie bestreuen und servieren.
Traditionell wird das Gemüse in Krebsbutter angebraten und mit angedünsteten Morcheln serviert. Man kann auch noch Krebsfleisch in Butter andünsten und dazugeben.

Coq au vin

Auch mit Weißwein schmeckt
ein Coq au vin vorzüglich!

- 1 Hähnchen, etwa 1 kg
- 12 Schalotten
- 200 g Champignons
- 5 EL Butter
- 4 dünne Scheiben durchwachsener Räucherspeck
- Salz, Pfeffer aus der Mühle
- 3 Spritzer Cognac
- 3/8 l Rotwein
- 1/4 l Hühnerbrühe
- 3 Knoblauchzehen
- 1 Lorbeerblatt
- ? TL getrockneter Thymian
- 1 Bund Petersilie
- 1 EL Mehl

Das Hähnchen in sechs Teile zerlegen. Die Schalotten schälen, von den Champignons die Haut mit einem kleinen Messer abziehen und größere Pilze halbieren. 2 EL Butter in einer Kasserolle erhitzen und die Speckscheiben darin hellbraun anbraten, herausnehmen und beiseite stellen. Die Hähnchenteile in dem Fett von allen Seiten anbraten, salzen, pfeffern und mit den Speckscheiben bedecken. Bei geschlossenem Deckel und milder Hitze 10 Minuten braten, dabei einmal wenden. Die Hähnchenteile mit 3 Spritzern Cognac beträufeln und flambieren. Den Wein und die Hühnerbrühe angießen, bis alles bedeckt ist. Den Knoblauch durch die Presse drükken und mit dem Thymian und dem

Lorbeerblatt dazugeben. Zugedeckt bei milder Hitze 30 Minuten schmoren. Währenddessen in einer Pfanne 2 EL Butter erhitzen und darin zunächst die Schalotten hellbraun anbraten und dann die Champignons dazugeben und mitbraten lassen. Die Hähnchenteile aus der Sauce nehmen und warm stellen. Die Sauce auf etwa 1/4 l einkochen lassen. Das Lorbeerblatt herausnehmen und kräftig mit Salz und Pfeffer abschmecken. In einer Pfanne 1 EL Butter zerlassen, das Mehl einrühren und hellgelb werden lassen. Die Mehlschwitze in die Sauce einrühren. Die Hähnchenteile zusammen mit den Zwiebeln und den Champignons in die Sauce geben und alles noch einmal aufkochen lassen. Die Petersilie waschen, trocknen, fein hobeln und vor dem Servieren über das Gericht streuen.

Hirschragout

- 1 kg Hirschfleisch
- 100 g fetter Speck
- 100 g durchwachsener Räucherspeck
- 200 g Gemüse (Möhren, Sellerie, Petersilienwurzel)
- 1 Zwiebel
- 3/4 l Rotwein
- 200 g Backpflaumen
- 2–3 Dörräpfel
- 20 Walnusskerne
- 50 g Lebkuchen
- 1 Zitrone
- 2 Lorbeerblätter
- 6 Wacholderbeeren
- Salz, Pfeffer
- etwas Mehl
- 1 Prise Zimt

Das Fleisch in Würfel schneiden, salzen und mit etwas Mehl bestäuben. Den Speck würfeln und je 100 g fetten und 100 g durchwachsenen Speck in einem schweren Topf anrösten. Das Gemüse fein würfeln und zum Speck geben, wenn er braun wird, dann die fein gewürfelte Zwiebel hinzugeben und ebenfalls mit anschwitzen. Das bemehlte Fleisch bei starker Hitze mit anbraten, bis es leicht braun ist. Den Rotwein angießen und alles mit 2 Lorbeerblättern, 6 zerdrückten Wacholderbeeren und etwas Zimt würzen. Zugedeckt bei kleinster Hitze langsam weich dünsten. Sollte Flüssigkeit fehlen, noch etwas Rotwein angießen. Etwa eine Viertelstunde vor dem Servieren zehn entsteinte, vorgeweichte Backpflaumen, zwei bis drei Dörräpfel sowie fünfzehn bis zwanzig grob zerkleinerte Walnusskerne hinzugeben und dünsten lassen, bis die Äpfel weich sind. Falls die

Sauce noch nicht sämig genug ist, ein Stück Lebkuchen hinzugeben. Die Sauce mit Pfeffer und Zitronensaft kräftig abschmekken. Dazu passen Kartoffelknödel.

Pichelsteiner

Ein herzhafter Eintopf aus Bayern.

- 500 g Fleisch (Rind, Schwein, Lamm, Kalb)
- 500 g Kartoffeln
- 750 g Gemüse (Sellerie, Lauch, Möhre, Erbsen, Bohnen, Weißkohl, Petersilienwurzel)
- 3 EL Öl
- 1/2 l Fleischbrühe
- Salz, Pfeffer aus der Mühle
- Majoran
- Petersilie

Fleisch und geschälte Kartoffeln in grobe Würfel schneiden. Das Gemüse waschen, nach Bedarf schälen und ebenfalls in Würfel schneiden. In einem Topf das Öl erhitzen und dann schichtweise das Fleisch und das Gemüse, Zwiebeln und zuletzt die Kartoffeln hineingeben. Die Brühe angießen, mit Salz, Pfeffer und Majoran würzen und alles zum Kochen bringen. Den Topf schließen und bei schwacher Hitze 90 Minuten garen. Bei Bedarf, jedoch möglichst wenig, Flüssigkeit hinzugeben. Mit gehackter Petersilie bestreuen und servieren.

Italienischer Kanincheneintopf

- 1 Kaninchen, in Stücke zerteilt
- 4 EL Olivenöl
- 4 Knoblauchzehen
- frischer Rosmarin
- 125 ml Weißwein
- 1 Hand voll Pinienkerne
- 1 Hand voll grüne Oliven
- Salz, Pfeffer aus der Mühle

Das Kaninchen in Stücke zerteilen, waschen und gut abtrocknen. Die Teile in einen Bräter legen und bei milder Hitze die Flüssigkeit, die im Kaninchenfleisch enthalten ist, verdunsten lassen. Danach das Olivenöl über die Kaninchenteile geben und alles durchziehen lassen, ohne dass das Fleisch Farbe annimmt. Die Rosmarinnadeln von den Stängeln streifen, fein hacken und zusammen mit den Knoblauchzehen und einem Glas Weißwein zum Kaninchen geben. Zugedeckt bei kleiner Hitze 1-1 1/2 Stunden köcheln lassen. Die Oliven entkernen und klein schneiden, die Pinienkerne vorsichtig leicht in einer kleinen Pfanne ohne Fett anbräunen und alles 15 Minuten vor Ende der Kochzeit zum Kaninchen geben. Vor dem Servieren mit Salz und Pfeffer abschmecken.

Korsischer Hähncheneintopf

- 1 Hähnchen, etwa 1 kg
- 125 g durchwachsener Speck
- 125 g Champignons
- 250 grüne Oliven
- 500 g kleine Kartoffeln
- 4 Fleischtomaten
- 2 EL Cognac
- Salz, Pfeffer aus der Mühle

Das Hähnchen waschen, trocknen und in vier Teile zerlegen. Den Speck würfeln, die Haut von den Champignons abziehen, die Oliven entsteinen. Die Tomaten überbrühen und die Haut abziehen, vierteln und die Kerne herausdrücken. Die Kartoffeln schälen und halbieren. In einem schweren Topf den Speck mit den Kartoffeln kurz anbraten und dann die Champignons, Oliven und Tomaten zugeben und alles anschmoren. Zuletzt die Hähnchenteile dazugeben und von allen Seiten anbraten. Mit dem Cognac ablöschen, salzen und pfeffern. Zugedeckt bei kleiner Hitze etwa 1 Stunde garen. Mit Weißbrot servieren.

Linsen-Lamm-Eintopf

- 400 g Lammfleisch
- 2 Zwiebeln
- 10 EL Olivenöl
- 1 TL Safranpulver
- 400 g rote Linsen
- 4 EL Tomatenmark
- 2 Zitronen
- 1 kg Auberginen/Zucchini
- Salz, Pfeffer aus der Mühle

Das Fleisch in 3 cm große Würfel schneiden. Die Zwiebeln schälen und fein hacken. 3 EL Olivenöl in einem Topf erhitzen und die Zwiebeln und den Safran bei mittlerer Hitze etwa 5 Minuten bräunen. Das Fleisch etwa 10 Minuten mitbraten. Linsen waschen und abtropfen lassen. Das Tomatenmark und die Linsen zum Fleisch geben, gut verrühren und etwa 5 Minuten bei schwacher Hitze mitbraten. Die Zitronen auspressen und das Gericht mit dem Saft ablöschen. So viel Wasser angießen, dass der Topfinhalt gerade bedeckt ist. 30 Minuten köcheln lassen. Das Gemüse waschen und in Scheiben schneiden. 3 EL Olivenöl in einer Pfanne erhitzen und die Scheiben auf beiden Seiten goldbraun anbraten, immer wieder Öl dazugeben. Das Gemüse zum Fleisch geben und alles etwa 20 Minuten weiter garen. Mit Salz und Pfeffer abschmecken.

Aus aller Welt

Borschtsch (Russland)

Diesen Eintopf finden Sie auf allen Speisekarten russischer Restaurants. Borschtsch isst man in Russland zu jeder Tages- und Jahreszeit, im Sommer auch gerne kalt.

500 g Rindfleisch
- 1 1/2 l Wasser
- Salz, Pfeffer
- Petersilienwurzel
- 1 Lorbeerblatt
- 250 g Weißkohl
- 2 Stangen Lauch
- 3 Möhren
- 1/2 Sellerieknolle
- 1 Rote Bete
- 3 Kartoffeln
- 4 EL Tomatenmark
- Saft einer halben Zitrone
- 1/8 l saure Sahne
- 1 Bund Dill

Das Fleisch ins kochende Salzwasser geben. Die klein geschnittene Petersilienwurzel mit dem Lorbeerblatt dazugeben und 1 Stunde bei mittlerer Hitze köcheln lassen. Weißkohl, Möhren und Lauch waschen und in Streifen schneiden. Sellerie, Kartoffeln und Rote Bete schälen und würfeln. Wenn das Fleisch weich ist, die Hälfte der Brühe in einen separaten Topf geben und darin das Gemüse zugedeckt bei kleiner Hitze garen. Das Suppenfleisch in kleine Stückchen schneiden und zum Gemüse geben. Den Rest der Brühe mit dem Tomatenmark ebenfalls zum Gemüse geben und mit Salz, Zitronensaft und Pfeffer abschmecken. Alles noch einmal aufkochen lassen. Den Dill waschen, trocknen, die Blättchen von den Stängeln zupfen und klein schneiden. Saure Sahne und Dill separat zu der Suppe servieren.

Irish Stew (Irland)

Es lohnt sich, gleich die doppelte Menge zu kochen, denn aufgewärmt schmeckt das Stew immer besser.

- 750 g Lammfleisch (Schulter)
- 750 g Kartoffeln
- 2 Zwiebeln
- 3/4 l Fleischbrühe
- 500 g Weißkohl
- 1 Möhre
- 200 g Knollensellerie
- 2 Nelken
- 2 Lorbeerblätter
- 50 g fetter Speck
- Salz, Pfeffer aus der Mühle

Fleisch von Sehnen und Fett befreien, in 3 cm große Würfel schneiden und 10 Minuten in Wasser kochen. Die Möhre und den Sellerie schälen und fein würfeln, die Zwiebeln schälen und in dünne Ringe schneiden. Den Weißkohl halbieren, den Strunk herausschneiden und in feine Streifen schneiden. Die Kartoffeln schälen und in Scheiben schneiden, den Speck ebenfalls in Scheiben schneiden und den Boden eines Bräters damit auslegen. Dann die Zutaten nacheinander in den Topf schichten, zuerst ein Teil des Fleisches, darauf dann den Kohl, dann ein wenig von den Zwiebeln, die Möhren, den Sellerie, die Kartoffeln, dann wieder Fleisch und so weiter, bis alles verbraucht ist. Mit der Fleischbrühe begießen und kräftig mit Salz und viel Pfeffer würzen. Die Nelken und die Lorbeerblätter obenauf legen. Den Topf verschließen und das Stew mindestens eine Stunde zugedeckt bei kleiner Hitze ohne Öffnen des Deckels garen lassen. Vor dem Servieren nochmals abschmecken.

Chili con Carne (Mexiko)

Das mexikanische Nationalgericht, bei dem rote Bohnen und scharfer Chili nicht fehlen dürfen.

- 1 Dose rote Kidney-Bohnen
- 1 Zwiebel
- 2 Dosen geschälte Tomaten
- 4 EL Tomatenmark
- 1 kleine Dose Mais
- 500 g Rindergehacktes
- 2 Knoblauchzehen
- 4 EL Olivenöl
- 1 grüne Paprikaschote
- Salz, Pfeffer aus der Mühle
- 2 getrocknete Chilischoten
- 1 TL Zucker
- 1 EL Paprika
- 1 TL Cayennepfeffer
- Tabascosauce
- 1 Lorbeerblatt

Die Zwiebel und den Knoblauch schälen und fein würfeln. Die Paprikaschote waschen, entkernen und in Würfel schneiden. Die Chilischoten im Mörser zerkleinern. In einem großen Topf das Olivenöl erhitzen und darin bei nicht zu starker Hitze zunächst die Gewürze (Chilischoten, Paprika, Cayenne, Pfeffer, Salz und Zucker) anbraten, dann die Zwiebeln und den Knoblauch hinzugeben und glasig werden lassen. Das Rinderhack unterrühren und mit anbraten, Tomatenmark einrühren. Paprika, Dosentomaten mit Saft, die abgetropften Bohnen und den Mais hinzugeben, umrühren, mit Salz und Pfeffer abschmecken, das Lorbeerblatt obenauf legen und zugedeckt 30 Minuten köcheln lassen. Vor dem Servieren nochmals abschmecken und mit Tabascosauce scharf würzen.

Waterzooi (Belgien)

Waterzooi kommt aus der Stadt Gent in Belgien. Es ist ein leicht zu bereitendes Gericht, für das sich besonders zarte Hähnchen eignen.

- 1 Hähnchen, etwa 1 kg
- 2 Petersilienwurzeln
- 2 Stangen Lauch
- 1 kleine Zwiebel, geschält und mit einer Nelke gespickt
- 1 Lorbeerblatt
- 1 Prise Muskat
- Salz, Pfeffer aus der Mühle
- 125 ml Schlagsahne
- 1 EL Mehl
- 1 Eigelb
- Saft einer halben Zitrone
- 3 EL gehackte Petersilie

Das unzerteilte Hähnchen in einen gewässerten Römertopf mit dem gesamten Gemüse und den Gewürzen geben und im Backofen bei 175 °C bei geschlossenem Deckel 2 Stunden schmoren, bis das Fleisch und das Gemüse ganz weich geworden sind. Jetzt das Hähnchen vorsichtig aus der Brühe heben und das Fleisch vom Knochen lösen. Die aufgefangene Brühe durch ein Sieb gießen und mit der halbsteif geschlagenen Sahne, in die das Eigelb und das Mehl verrührt wurden, vermischen. Die Petersilienwurzeln und den Lauch durch ein Sieb pressen, soweit dies möglich ist. Das passierte Gemüse zu der Suppe geben, das zerteilte Hühnerfleisch unterheben und mit Pfeffer, Zitronensaft und viel gehackte Petersilie abschmecken und servieren.

Pot-au-feu (Frankreich)

Der Pot-au-feu zählt zu den bekanntesten französischen Eintöpfen und schmeckt am besten, wenn man ihn für viele Personen kocht.

- 750 g Rindfleisch
- 1/2 Suppenhuhn
- 4 Markknochen
- 2 1/2 l Wasser
- 4 Möhren
- 2 Stangen Lauch
- 2 Zwiebeln
- 4 Nelken
- 2 Lorbeerblätter
- 1 Knoblauchzehe
- 1 kleiner Sellerie
- 1 kleiner Wirsing
- Salz, Pfeffer aus der Mühle
- Muskat

In einem großen Topf die Fleischstücke nebeneinander legen und mit 2 1/2 l kochendem Wasser übergießen, salzen, pfeffern und eine Prise Muskat hinzufügen. Aufwallen lassen und den Schaum abschöpfen. Die Zwiebeln nicht schälen, sondern mit den Nelken und den Lorbeerblättern spicken und mit der ungeschälten Knoblauchzehe in den Topf geben. Den Lauch in 3 cm lange Stücke schneiden, die Möhren schälen und der Länge nach vierteln, den Sellerie in grobe Würfel schneiden und alles, außer dem Wirsing, in den Topf geben, zudecken und im Backofen bei mäßiger Hitze 2 Stunden weich schmoren lassen. Alles darf nur noch ziehen, auf keinen Fall mehr wallend kochen. Nach 1 1/2 Stunden den in Viertel geteilten und vom

Strunk befreiten Wirsing hinzugeben, den Deckel wieder schließen und 30 Minuten mitgaren lassen. Das Fleisch aus dem Topf heben, Rindfleisch in Scheiben schneiden, das Suppenhuhn häuten und das Fleisch von den Knochen lösen. Jeder bekommt auf einen Teller 1 Markknochen, ein Stück Wirsing und beide Fleischsorten. Das Gemüse mit dem Schaumlöffel aus der Brühe heben, abtropfen lassen und um das Fleisch herum anrichten. Die Brühe in kleine Tassen separat dazu servieren und während des Essens davon trinken.

Bollito misto (Italien)

Bollito misto (Gekochtes Gemischtes) kommt aus der Provinz Bologna in Norditalien und ist ein Festessen für jeden Feinschmecker. Die Fleischzutaten verändern sich je nach Jahreszeit und so kann man im Winter das Gericht auch gut mit geräucherten Würstchen ergänzen. Traditionell wird das Bollito misto mit Salsa verde (Grüne Sauce) gegessen.

- 2 Zwiebeln
- 1 Knoblauchzehe
- 2 Lorbeerblätter
- 5 Pfefferkörner
- 5 Wacholderbeeren
- 4 Pimentkörner
- Salz
- 500 g Rinderbrust
- 500 g Kalbszunge
- 300 g Kalbsbug
- 1 Suppenhuhn
- 4 dünne Stangen Lauch
- 4 Stangen Staudensellerie
- 2 Möhren

Wasser in einen Topf geben und mit den Gewürzen, Salz und den geschälten, unzerteilten Knoblauchzehen und Zwiebeln zum Kochen bringen. Das Rindfleisch einlegen und die Hitze reduzieren, 2 Stunden ziehen lassen und zwischendurch immer wieder den Schaum abschöpfen. Nach 30 Minuten die Zunge in die Brühe geben, nach weiteren 45 Minuten Kalbfleisch und Suppenhuhn dazugeben. Das Gemüse waschen, putzen und in große Stücke schneiden und in der Brühe 30 Minuten mitziehen lassen. Die fertig gegarte Zunge aus der Brühe nehmen und kalt abschrekken, damit sie sich leichter häuten lässt. Die Zunge an der Spitze einschneiden und die Haut mit einem Küchenmesser abziehen, zum Warmhalten in die Brühe geben. Das Suppenhuhn vorsichtig herausnehmen und in Portionsstücke teilen. Zunge und die anderen Fleischstücke vor dem Servieren in dünne Scheiben schneiden und zusammen mit dem Gemüse auf einer vorgewärmten Platte anrichten. Dazu reicht man:

SALSA VERDE:

- 3 EL gehackte Petersilie
- 1 EL fein geschnittene Kapern
- 1 hart gekochtes Ei, klein geschnitten
- 2 kleine Essiggürkchen, klein gewürfelt
- 4 Sardellenfilets
- 1 TL mittelscharfer Senf
- 5 EL Olivenöl
- 1 EL Rotweinessig
- 1 EL Zitronensaft
- 1 Knoblauchzehe

Zuerst das Öl mit den klein geschnittenen Sardellenfilets und dem Senf glatt rühren, dann alle Zutaten dazugeben und ein wenig weiterrühren. Die Sauce braucht keinen Pfeffer und auch kein Salz und man kann sie verschlossen im Kühlschrank mehrere Tage aufbewahren. Man muss aber darauf achten, dass sich dabei oben auf der Sauce eine Schicht Öl absetzt, damit die Sauce haltbar bleibt. 30 Minuten vor dem Servieren aus dem Kühlschrank nehmen.

Szegediner Gulasch (Ungarn)

Hier gilt die Faustregel: Nehmen Sie immer doppelt so viel Fleisch wie Sauerkraut.

- 300 g Zwiebeln
- 200 g Schweineschmalz
- 600 g Schweinegulasch
- 2 TL Rosenpaprika
- 300 g Sauerkraut
- Salz
- 1 TL Kümmel
- 1 Knoblauchzehe
- 250 ml Sauerrahm

Die Zwiebeln werden zunächst fein gewürfelt und dann im erhitzten Schweineschmalz gebräunt. Jetzt das Fleisch und Paprika hinzugeben und unter Rühren anbraten und dabei aufpassen, dass das Paprikapulver nicht anbrennt, weil es sonst bitter schmeckt. Zwei Tassen Wasser hinzufügen und bei geschlossenem Deckel und kleiner Hitze 30 Minuten schmoren lassen. Dann das aufgelockerte Sauerkraut mit Salz und Kümmel in den Topf geben und 20 Minuten köcheln lassen, danach den Sauerrahm und die zerdrückte Knoblauchzehe unterheben und 10 Minuten weiter köcheln lassen. Szegediner Gulasch serviert man mit Salzkartoffeln oder einfach nur mit Weißbrot. Und in ganz Ungarn weiß man, dass Gulasch nur dann wirklich schmeckt, wenn zum Anbraten Schweineschmalz genommen wurde.

Boeuf Bourguignon (Frankreich)

- 1 kg Rindfleisch zum Schmoren
- 200 g gesalzener Speck
- 150 g Butter
- 2 Flaschen Rotwein
- 1 kleines Glas Cognac
- 12 Schalotten
- 1 kg Möhren
- 4 Knoblauchzehen
- 1 Lorbeerblatt
- 1/2 Bund frischer Thymian
- Salz, Pfeffer

Vom Speck die Schwarte und die Knöchelchen entfernen und in 2 cm breite Streifen schneiden. In einem Schmortopf 100 g Butter erhitzen und darin den Speck bei mittlerer Hitze anbraten, herausnehmen und zur Seite stellen. Das in 4 cm große Würfel geschnittene Rindfleisch hinzugeben und zugedeckt 15 Minuten anbraten lassen. Inzwischen dünstet man in einem Kochtopf die in feine Scheiben geschnittenen Möhren und Schalotten mit dem Rest der Butter an. In einem anderen Topf bringt man den Wein mit dem Cognac zum Kochen. Wenn die ersten Blasen kommen, vorsichtig flambieren. Die Karotten und Schalotten mit der Speckschwarte zu dem Fleisch geben, den heißen Wein und Cognac angießen, den Knoblauch pressen und mit dem Thymian und dem Lorbeerblatt dazugeben. 3 Stunden zugedeckt köcheln lassen, 1 Stunde vor Ende der Kochzeit mit Salz und Pfeffer abschmekken.

Zürcher Ratsherrentopf (Schweiz)

Der »Züritopf» – ein luxuriöses Rezept.

- 1 EL Butter
- 300 g Möhren
- 1/2 TL Salz
- 2 EL Wasser
- 300 g Erbsen
- 2 EL Öl
- 500 g Kartoffeln
- Salz
- 4 Streifen Rinderfilet, zusammen 160 g
- 4 Streifen Kalbsfilet, zusammen 120 g
- 4 Stücke Kalbsleber, zusammen 100 g
- 4 Stücke Kalbsnieren, zusammen 100 g
- Salz, Pfeffer aus der Mühle
- 10 cl Weißwein

1 EL Butter in einer Pfanne erhitzen und darin die in Stifte geschnittenen Möhren andünsten, 1/2 TL Salz und 2 EL Wasser hinzugeben und zugedeckt auf kleinster Flamme weich dämpfen. Die Erbsen zu den Möhren geben und einige Minuten mitdämpfen, im Ofen bei 60 Grad warm stellen.

2 EL Öl in einer Bratpfanne erhitzen und die geschälten und geviertelten Kartoffeln beigeben. Zunächst bei geschlossenem Deckel auf kleiner Hitze, dann bei geöffnetem Deckel in 15 Minuten knusprig anbraten. Mit einem halben TL Salz würzen und nicht zugedeckt ebenfalls im Ofen warm halten.

In einer Bratpfanne Öl zum Braten heiß werden lassen und darin das Rinder- und Kalbsfilet kurz beidseitig anbraten, mit Salz

und Pfeffer würzen und im Ofen offen warm stellen.
In derselben Pfanne 1 EL Butter warm werden lassen und die Leber und Nieren auf kleinster Flamme anbraten, mit Salz und Pfeffer würzen, aus dem Fett nehmen, mit Haushaltspapier abtupfen und in den Ofen zu dem anderen Fleisch legen.
Den Bratensatz mit dem Weißwein auflösen und etwas einkochen lassen. Das Gemüse und das Fleisch mit den Kartoffeln auf vorgewärmten Tellern anrichten und mit dem Jus begießen.

Bigosch (Polen)

- 125 g durchwachsener Speck
- 250 g mageres Schweinefleisch
- 200 g Rindernacken
- 3 Zwiebeln
- 250 g Weißkohl
- 2 EL Schweineschmalz
- 125 g Champignons oder Mischpilze
- 250 g Sauerkraut
- 3 EL Tomatenmark
- 1 Lorbeerblatt
- 1 TL Kümmel
- 1/2 TL Majoran
- 2 Knoblauchzehen
- 1/2 l Weißwein
- Salz, Pfeffer aus der Mühle
- 1 Prise Zucker

Den Speck fein würfeln, das Fleisch in 3 cm große Würfel schneiden. Die Zwiebel schälen und fein hacken. Den Kohl halbieren, den Strunk herausschneiden und in Stücke teilen. Schmalz in einem großen Topf erhitzen und die Speckwürfel darin glasig werden lassen. Das Fleisch und die Zwiebeln hinzugeben und bei starker Hitze unter Rühren anbraten. Die Pilze mit dem Weißkohl, dem Sauerkraut, dem Tomatenmark und den Gewürzen zum Fleisch geben. Knoblauch pressen und unterrühren, alles gut durchrühren und mit Wasser und Wein auffüllen. Bei milder Hitze zugedeckt 1 1/2 Stunden garen, nach einer Stunde mit Salz, Zucker und Pfeffer würzen.

Linseneintopf mit Spaghetti (Italien)

- 200 g braune Linsen
- 1 l Wasser
- ½ kleine Sellerieknolle
- 4 Stangen Staudensellerie
- 4 Knoblauchzehen
- 1 Zwiebel
- 125 g durchwachsener Speck
- 1 Dose geschälte Tomaten
- Salz, Pfeffer aus der Mühle
- 200 g Spaghetti
- 5 EL Olivenöl

Die Linsen über Nacht in dem Wasser einweichen lassen. Am nächsten Tag den Sellerie schälen und ganz lassen, den Staudensellerie in dünne Scheibchen schneiden. In einem großen Topf 1 EL Öl erhitzen und darin die feingewürfelte Zwiebel und den gewürfelten Speck anbraten, Staudensellerie dazugeben und glasig anbraten. Die Linsen mit dem Einweichwasser und der Sellerieknolle in den Topf geben, die geschälten Knoblauchzehen mit den Tomaten unterrühren und 40 Minuten bei kleiner Hitze köcheln lassen. Mit Salz und Pfeffer kräftig würzen. Die Spaghetti in 5 cm lange Stücke brechen und 8-10 Minuten mit den Linsen garen. Vor dem Servieren nochmals abschmecken, die Sellerieknolle herausnehmen und mit 4 EL Olivenöl beträufeln.

Paella (Spanien)

Paella ist wohl das berühmteste spanische Gericht, von dem es unzählige Variationen gibt. Man kann sie mit oder ohne Meeresfrüchte zubereiten. Besonders schön sieht eine Paella auf dem Tisch aus, wenn man sie in der typischen flachen runden Paellapfanne serviert.

- 1 Brathähnchen
- 1 Glas Olivenöl
- 3 Zwiebeln
- 1 rote Paprikaschote
- 1 grüne Paprikaschote
- 3 Knoblauchzehen
- 300 g Langkornreis
- 1 TL gemahlener Safran
- Fleischbrühe
- 150 g TK-Erbsen
- 300 g frische Muscheln
- 10 Shrimps
- 1 Glas Weißwein
- Salz, Pfeffer aus der Mühle

Das Hähnchen innen und außen salzen und pfeffern. In einem Topf Öl erhitzen und darin das Hähnchen langsam von allen Seiten bräunen, bis das Fleisch ganz zart ist. Das Hähnchen aus dem Topf heben und beiseite stellen. Die Zwiebeln schälen und sehr fein würfeln, die Paprika halbieren, von Kernen und Trennwänden befreien und klein würfeln, die Knoblauchzehen zerdrücken und alles in dem Bratöl anbraten. Den Reis und den Safran hinzugeben, mit Fleischbrühe oder auch Fischbouillon auffüllen, bis alles bedeckt ist. Bei kleiner Hitze 15 Minuten ziehen lassen. Währenddessen das Hähnchenfleisch von den Knochen lösen und in mundgerechte Stücke zerteilen. Falls eine Paellapfanne vorhanden ist, die Reis-Gemüse-Mischung jetzt hineingeben und die Hühnerstückchen unterheben, die unaufgetauten Erbsen einrühren, die Shrimps ohne Schale dazugeben und die gewaschenen und vom Bart befreiten Muscheln obenauf legen. Mit Salz und Pfeffer abschmecken. Den Weißwein darüber gießen, die Pfanne mit Folie oder Pergamentpapier bedecken und nochmals auf dem Herd 15 Minuten dünsten, damit die Muscheln sich öffnen. Die Folie erst abheben, wenn die Paellapfanne auf dem Tisch steht.

Indisches Curry

- 1 Hähnchen, 1 kg
- 1 fest kochende Kartoffel
- 2 Tomaten
- 2 frische Chilischoten
- 4 Zwiebeln
- 4 Knoblauchzehen
- 1 daumengroßes Stück frischer Ingwer
- 5 EL Olivenöl
- 1 Prise Zimt
- 2 Kardamonkapseln
- 2 Nelken
- 2 Lorbeerblätter
- 1/2 TL Chilipulver
- 2 TL gemahlener Kreuzkümmel
- 1 TL gemahlener Koriander
- 2 EL Tomatenmark
- 3 EL Joghurt

Das Hähnchen waschen, die Haut abziehen, was ganz einfach geht, und mit einem großen scharfen Messer oder der Geflügelschere in vier Stücke zerteilen. Kartoffel schälen und vierteln, Tomaten waschen und vierteln. Den Stielansatz von den Chilischoten abschneiden und die Schoten längs mehrmals einschneiden. Um zu vermeiden, dass man mit den Händen die scharfen Chilischoten berührt, sollte man die Chilischoten mit einem scharfen Messer und einer Gabel bearbeiten. Zwiebeln und Knoblauch schälen und fein würfeln. Ingwer schälen und mit der Käsereibe reiben. Öl in einem Topf erhitzen und die Zwiebeln darin kräftig anbraten, Zimt, Kardamonkapseln, Nelken und Lorbeerblätter dazugeben und etwa 2 Minuten mit anbraten. Kreuzkümmel und Koriander einrühren und ebenfalls 2 Minuten mit anbraten, jetzt den Knoblauch und die Chilischoten und den Ingwer dazugeben und alles nochmals 2 Minuten braten. Tomaten, Hähnchenstücke, Tomatenmark und den Joghurt dazugeben und alles unter Rühren bei mittlerer Hitze 5 Minuten braten. Mit Salz würzen, 1/2 l Wasser angießen, aufkochen lassen und durchrühren, damit die Hähnchen gleichmäßig von der Sauce überzogen werden, und zugedeckt bei milder Hitze 20 Minuten köcheln lassen, bis das Hähnchen und die Kartoffeln gar sind. Falls vorhanden, vor dem Servieren mit Garam Masala, einer Gewürzmischung aus 1 EL Koriandersamen, 1 EL Kreuzkümmelsamen, 1 EL schwarze Pfefferkörner, 5 grüne Kardamonkapseln, Zimt und 6 Nelken, in der Kaffeemühle zermahlen, darüber streuen. Oder einfach nur mit Brot servieren.

Moussaka (Griechenland)

Ein üppiges und festliches Gericht, das nicht aufgewärmt werden kann, weil es sonst Wasser ziehen würde.

- 1 Glas Olivenöl
- 4 mittelgroße Auberginen
- 300 g Zwiebeln
- 1/2 kg Hackfleisch (vom Hammel oder Schwein)
- 2 Knoblauchzehen
- 4 Eier
- 1 Glas Weißwein
- Salz, Pfeffer

Die Auberginen waschen, schälen und in dicke Scheiben schneiden. In einer Pfanne Öl erhitzen und darin nur kurz die Auberginenscheiben von beiden Seiten anbraten und beiseite stellen. Die geschälten und feingehackten Zwiebeln in das Öl geben und hellgelb anbraten, jetzt das Hackfleisch, Salz, Pfeffer und den zerdrückten Knoblauch hinzugeben. So lange rühren, bis das Fleisch die rote Farbe verloren hat und leicht zu bräunen beginnt. In einer feuerfesten Backform zuerst die Auberginen, dann das Fleisch abwechselnd aufschichten, bis alles verbraucht ist. Die Eier mit dem Wein verquirlen und darüber gießen. Die Form mit Alufolie bedecken und alles im Backofen bei 175 °C 40 Minuten garen. Mit Weißbrot und kühlem Weißwein servieren.

Stifatho (Israel)

Ein in Israel besonders beliebter Eintopf, bei dem Zimt und Safran nicht fehlen dürfen.

- 1 kg mageres Rindfleisch
- 1 Flasche Rotwein
- 4 Zwiebeln
- 4 EL Olivenöl
- 2 EL Tomatenmark
- 1 Stange Zimt
- 1 Prise Safran
- Salz, Pfeffer aus der Mühle
- 4 EL frische Perlzwiebeln

Das Fleisch in 3 cm große Stücke schneiden, mit dem Rotwein übergießen und über Nacht zugedeckt stehen lassen. Die Zwiebeln schälen und in feine Scheiben schneiden. Olivenöl in einem Topf erhitzen und darin die Zwiebeln hellbraun anbraten, das abgetropfte Fleisch hinzugeben und mitbraten. Den Rotwein angießen, in dem das Rindfleisch marinierte, Tomatenmark, Zimt und Safran hinzugeben, aufkochen lassen, den Deckel schließen und etwa 3 Stunden bei mäßiger Hitze auf dem Herd oder im Backofen garen. Nach 2 Stunden kräftig mit Salz und Pfeffer abschmecken und die Perlzwiebeln hinzugeben. Aufgewärmt schmeckt es besonders gut.

Kalbsragout mit Okra (Tunesien)

- 500 g Kalbsgulasch
- 1 Zwiebel
- 4 EL Olivenöl
- 1 TL gemahlener Koriander
- 1 TL Paprikapulver, edelsüß
- 2 EL Tomatenmark
- 1 TL Harissa
- Salz, Pfeffer aus der Mühle
- 500 g Okraschoten
- Zitronensaft
- 3 rote Peperoni
- Saft von 1 Zitrone

Das Fleisch waschen, abtrocknen und in 3 cm große Stücke würfeln. Die Zwiebel schälen und fein würfeln. In einem großen Topf das Öl stark erhitzen und darin das Kalbfleisch unter Rühren anbraten. Den austretenden Saft verdunsten lassen, danach salzen und pfeffern. Die Hitze etwas zurückschalten und die Zwiebel glasig anbraten, Koriander und Paprika darüber streuen. Harissa mit einem Glas Wasser glatt rühren und über das Fleisch geben, salzen und pfeffern. Weitere drei Gläser Wasser untermischen und alles aufkochen lassen, dann die Hitze reduzieren und bei geschlossenem Deckel 40 Minuten köcheln lassen. Inzwischen die Okraschoten waschen und die Stiele mit einem scharfen Messer zu kleinen Hütchen anspitzen, damit beim Garen der Saft nicht austritt. Die Schoten in einer Schüssel mit Eiswürfelwasser und Zitronensaft bis zur Verarbeitung aufbewahren, das verhindert ein Aufplatzen beim Kochen. Die Peperoni längs halbieren und die Stiele, Kerne und Trennwände entfernen. Die Okraschoten und die Peperoni unter das Fleisch heben und zugedeckt 20 Minuten bei schwacher Hitze garen. Das Gericht dabei nicht mehr umrühren, sondern den verschlossenen Topf ein bis zwei Mal anheben und leicht rütteln, damit die Okraschoten nicht verletzt werden. Vor dem Servieren nochmals abschmecken und mit Fladenbrot servieren.

Muscheleintopf mit Schweinefleisch (Portugal)

- 500 g zartes Schweinefleisch
- 500 g fest kochende Kartoffeln
- 1 kg frische Muscheln
- 2 Zwiebeln
- 4 Tomaten
- 1 Knoblauchzehe
- 1 EL Mehl
- 8 EL Olivenöl
- 1 TL Rosenpaprika
- 4 EL Petersilie
- Salz, Pfeffer aus der Mühle

Die Kartoffeln in Salzwasser gar kochen, abgießen und pellen. Die Zwiebeln und den Knoblauch schälen, die Zwiebeln fein hacken, den Knoblauch ganz lassen und in einem Topf mit 3 EL erhitztem Olivenöl glasig werden lassen. Den Knoblauch herausfischen. Tomaten überbrühen, enthäuten, entkernen, klein würfeln und zu den Zwiebeln geben. Alles auf kleiner Flamme weich dünsten lassen. Die Muscheln unter fließendem Wasser gründlich abbürsten, Bärte entfernen und offene Muscheln wegwerfen. Mehrfach in frischem Wasser waschen und dann zu der Sauce geben, bis alle Muscheln geöffnet sind. Die Muscheln herausnehmen, aus der Schale lösen und beiseite stellen. Die Sauce mit Salz, Pfeffer, Paprika und gehackter Petersilie abschmecken und kurz aufkochen lassen. 5 EL Öl in einem schweren Topf erhitzen und darin das in 2 cm große Würfel geschnittene Schweinefleisch anbraten, die ebenfalls in 2 cm große Würfel geschnittenen Kartoffeln hinzugeben und mit anbraten. Die Sauce und die Muscheln dazugeben, Mehl darübergeben, alles verrühren und kurz aufkochen lassen. Beim Hinzugeben der Sauce einen Rest im Topf zurücklassen, da sich vielleicht Sand von den Muscheln darin abgesetzt hat.

Die Fleischlosen

Gemüseeintopf/Ratatouille

- 500 g Auberginen
- 2 kleine Zucchini
- 2 rote Paprikaschoten
- 1 große Zwiebel
- 2 Knoblauchzehen
- 1 Dose geschälte Tomaten
- 1 EL Puderzucker
- 2 EL Kapern
- 1 Lorbeerblatt
- 1 TL Thymian
- 10 cl Weinessig
- 150 g Oliven ohne Stein
- 6 EL Olivenöl
- Salz, Pfeffer aus der Mühle

Die Auberginen waschen, in Scheiben schneiden, in ein Sieb legen und mit viel Salz bestreuen, einen Teller darauf legen und beschweren. Nach einer Stunde abspülen und trocken tupfen. Die Auberginen verlieren dadurch ihren bitteren Geschmack. Die Zwiebel schälen und in feine Scheiben schneiden, die Zucchini waschen und in 2 cm dicke Scheiben schneiden. Paprika waschen, vierteln und von Kernen und Trennwänden befreien und grob würfeln. In einem Topf das Öl erhitzen und darin die Auberginen anbraten, aus dem Fett nehmen und beiseite stellen. Jetzt die Zwiebel, die Zucchini und die Paprika anbraten und 3 Minuten bei milder Hitze andünsten. Die Tomaten zugeben, umrühren, den Essig, den Puderzucker und Salz hinzufügen. 15 Minuten köcheln lassen, dabei ab und zu umrühren. Die Auberginen wieder hineingeben, zum Kochen bringen, die Kapern, Oliven und den gepressten Knoblauch, Lorbeer und Thymian zufügen, 20 Minuten köcheln lassen, mit Salz und Pfeffer abschmecken und kalt oder warm servieren.

Kartoffel-Lauch-Eintopf

- 500 g Kartoffeln, fest kochend
- 500 g Lauch
- 2 EL Butter
- 1 l Brühe
- 4 EL Schmand
- Salz, Pfeffer aus der Mühle
- 1 TL Kerbel

Die Kartoffeln schälen und klein würfeln. Lauch waschen, den dunkelgrünen Teil abschneiden und wegwerfen und das Weiße mit dem Messer längs vierteln und in 1 cm dicke Scheiben schneiden. In einem Topf die Butter erhitzen und vorsichtig bei milder Hitze zunächst die Kartoffelwürfel, dann die Lauchscheiben andünsten und mit der Brühe ablöschen. Bei geöffnetem Topf mit 1 TL Kerbel etwa 25 Minuten köcheln lassen, bis die Kartoffeln weich sind. Schmand unterrühren, bis er sich vermischt hat, und mit Salz und, falls vorhanden, weißem Pfeffer abschmecken.

Kohlrabi-Eintopf

- 4 zarte Kohlrabi
- 2 Kartoffeln
- 1 Zwiebel
- 1 EL Öl
- 1 l Gemüsebrühe
- 1/8 l Sahne
- Salz, Pfeffer aus der Mühle
- Muskat

Die Kohlrabi schälen und in Stifte schneiden. Die Zwiebel und die Kartoffeln schälen und fein würfeln. Öl in einem Topf erhitzen und zunächst die Zwiebel glasig dünsten, dann den Kohlrabi und die Kartoffelwürfel hinzugeben und etwa 2 Minuten mitdünsten. Die Gemüsebrühe angießen und alles köcheln lassen, bis der Kohlrabi und die Kartoffeln weich sind. Mit dem Pürierstab pürieren und die halbsteif geschlagene Sahne unterheben. Mit Salz, Pfeffer und Muskat abschmecken.

Die sommerlichen Eintöpfe

Fischtopf

- 1 kg Rotbarsch, Kabeljau oder Merlan
- 2 Zwiebeln
- 6 Knoblauchzehen
- 6 EL Olivenöl
- 1 kg Tomaten
- 250 ml Fischfond aus dem Glas
- 1/4 l Weißwein
- 3 EL Zitronensaft
- etwas Mehl
- 4 EL gehackte Petersilie
- 2 Hand voll junger Spinat
- Salz, Pfeffer aus der Mühle

Die Zwiebeln und die Knoblauchzehen schälen und in dünne Scheibchen schneiden. Die Tomaten überbrühen, enthäuten, vierteln, entkernen und würfeln. In einem Topf 3 EL Öl erhitzen und darin die Zwiebeln und den Knoblauch glasig dünsten. Tomaten dazugeben, Fond und Weißwein angießen und alles 30 Minuten bei schwacher Hitze köcheln lassen. Die Fischstücke in mundgerechte Stücke schneiden, mit Zitronensaft beträufeln und in Mehl wenden. In einer Pfanne 3 EL Öl erhitzen und die Fischstücke portionsweise bei mittelstarker Hitze vorsichtig von beiden Seiten 6 Minuten anbraten und herausnehmen. Petersilie und Blattspinat in die Brühe geben, mit Salz und Pfeffer würzen, die Fischstücke in die Suppe hineinlegen und nochmals 5 Minuten bei kleiner Hitze durchziehen lassen. Mit Weißbrot servieren.

Zucchini-Eintopf

- 4 schöne Schweinekoteletts
- 1 TL Salz
- 1/2 TL Chilipulver
- 1 EL Öl
- 2 fein gehackte Zwiebeln
- 1 Dose geschälte Tomaten
- 100 g ungekochter Reis
- 300 g Zucchini, in dünne Scheiben geschnitten, ungeschält
- 1 TL Zucker

Den Fettrand von den Koteletts abschneiden und in der Pfanne anbraten. Das Fleisch salzen, mit dem Chilipulver einreiben und von beiden Seiten goldbraun anbraten. Jetzt die anderen Zutaten in die Pfanne schichten, zuerst die Zwiebeln, dann die zerdrückten Tomaten, den Reis und zuletzt die Zucchinischeiben. Den Tomatensaft mit etwas Zucker vermischen und über die Zucchini schütten. Die Pfanne mit einem Deckel verschließen und eine Stunde im vorgeheizten Backofen bei 175 °C schmoren. Das Fleisch ist dann weich, der Reis nicht verkocht und die Tomaten haben genügend Flüssigkeit abgegeben, damit alles saftig bleibt. Mit Brot servieren.

Pilz-Eintopf

- 1 kg gemischte Pilze, falls vorhanden Waldpilze
- 500 g mehlig kochende Kartoffeln
- 2 EL Butter
- 1 Lorbeerblatt
- 2 Pimentkörner
- 10 schwarze Pfefferkörner
- 1 Knoblauchzehe
- 1 ½ l Hühnerbrühe
- Zitronensaft
- 1 Bund glatte Petersilie

Die Pilze sorgfältig putzen und in Scheiben schneiden. Die Kartoffeln schälen und klein würfeln. 2 EL Butter in einem Topf erhitzen und die Pilze mit den Kartoffeln 2 Minuten andünsten und dann die Hühnerbrühe angießen. Die Gewürze (Lorbeerblatt, Piment- und Pfefferkörner und Knoblauchzehe) in ein Baumwollsäckchen oder einen Teefilter geben, verschließen und mitkochen. Nach Ende der Kochzeit kann das Säckchen so einfach aus der Suppe genommen werden. Die Suppe etwa 15 Minuten, bis die Kartoffeln weich sind, köcheln lassen, mit Zitronensaft abschmecken und mit reichlich gehackter Petersilie servieren.

Köchelverzeichnis